"教—学—做一体化"校企合作课改科研成
21 世纪高职高专会计类专业课程改革规划教材

基础会计项目化实训

主　编　薛丽萍　李　锐
副主编　赵瑞婷
参　编　李静波　郭　薇

中国人民大学出版社
·北京·

中国人民大学出版社
北京

前　言

　　基础会计实训是会计实践教学的一个重要组成部分,是学生在学习完会计基础理论后,通过模拟实训进行会计实务的高仿真操作。它对于巩固学生的会计理论知识、培养学生的实际动手能力有重要意义。

　　本书分为十个项目,通过具体的实训项目学习,学生可以全面掌握会计书写、原始凭证填制、记账凭证填制等会计基本技能,达到财经类基层工作岗位的技能要求。其中会计书写项目,主要介绍会计资料中有关阿拉伯数字、中文大写金额数字的书写规范与要求,使学生逐步养成正确、规范地书写会计资料的习惯;会计凭证项目,主要介绍原始凭证及记账凭证的填写要点、难点以及注意事项,以高仿真的实训任务练习,使学生掌握规范地填制原始凭证及记账凭证的技能。编者经过对会计岗位技能的调研分析以及较长时间专业教学经验的积累,以实现专业学习与岗位工作无缝对接、提高学生职业能力为目标编写了此教材。

　　本书全部内容可安排64学时,其中项目一至项目九为单项实训,共46学时,项目十为综合实训,共18学时。

　　本书具有如下的特点:

　　第一,目标明确。编者以"对接行业、工学结合、提升质量、促进职业教育链融入产业链,有效服务经济社会发展"的职业教育发展思路来构思内容,本书融入"课证融合""课赛融通"和"课岗结合"的教学期望,着力培养学生的职业道德、职业技能和就业能力。同时,使基础会计教师的理论教学与实训得以融合,实现了教、学、做的统一,有利于学生掌握会计基本操作技能,提升学生的动手能力。

　　第二,重点突出。本书针对会计基本技能分项目进行实训,从基础理论到一般原理再到实际应用,引领学生在实训学习中逐步实现从入门到理解,从理解到应用,再从应用到重点突破。

　　第三,政策性强。本书编写过程中有企业专家和名师参与指导,并以国家颁布的最新会计法、会计准则、会计制度、税法、票据法规为依据,从知识性、实用性、政策性出发,学生通过完成各项目的实训任务,能够在较短的时间内迅速达到会计理论与会计实际操作相结合的目的。

　　本书由山西管理职业学院高级会计师薛丽萍和李锐担任主编,负责拟定编写思路和编写大纲;由山西管理职业学院赵瑞婷副教授担任副主编,负责全书校对、修改与统筹;参编人员有惠州市高元利五金制品有限公司的李静波和临汾特种设备行业协会的郭薇。具体分工如下:项目一由李锐编写;项目二、三、四由李静波编写;项目五、六、七由郭薇编写；项目八、九由赵瑞婷编写；项目十由薛丽萍编写。

限于编者的业务水平和实践经验，书中难免存在疏漏和不妥之处，敬请各位专家、老师和广大读者不吝指正，我们将不胜感激。希望本书能为会计教育事业的发展和人才的培养做出贡献。

编者

2017 年 5 月

目　录

项目一

会计书写

实训一　阿拉伯数字的书写

一、实训目标

财会工作中，阿拉伯数字的书写要符合手写习惯，达到规范化。数字书写要做到正确、清晰、整齐、流畅、标准、规范和美观。

二、阿拉伯数字的书写方法

（1）字体要自右上方向左下方倾斜地写，倾斜约 60 度。

（2）"6" 字要比一般数字向右上方长出 1/4，"7" 和 "9" 字要向左下方长出 1/4。

（3）每个数字要紧靠凭证或账表行格底线书写，字体高度占行格高度的 1/2 以下，不得写满格，以便留有改错的空间。

（4）数字应当一个一个地写，不得连笔写。

（5）字体要各自成形，大小均匀，排列整齐，字迹工整、清晰。

（6）有圆的数字，如 6、8、9、0 等，圆圈必须封口。

（7）同行的相邻数字之间要空出半个阿拉伯数字的位置。

（8）如果没有账格线，书写数字时要同数位对齐。数字的整数部分，可以从小数点向左按"三位一节"用分节号"，"分开或空一个位置，以便于读数和汇总计算。

（9）正确运用货币符号。如果表示金额时，阿拉伯数字前面应当写货币符号，货币符号与阿拉伯数字之间不得留有空格。阿拉伯数字书写到分位为止，元位以下保留角、分两位小数，以下四舍五入。元和角之间要用小数点"."隔开，没有角、分时，应在小数点后写"0"，数字后面不再写货币单位。

手写体阿拉伯数字书写示范如图 1-1 所示。

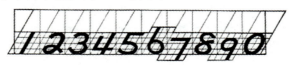

图 1-1　手写体阿拉伯数字

三、实训任务

任务1 在以下账格中用规范化的阿拉伯数字书写。

1	2	3	4	5
千百十万千百十元角分	千百十万千百十元角分	千百十万千百十元角分	千百十万千百十元角分	千百十万千百十元角分

任务2 对照下表中的数字，练习没有数位线的小写金额数字的书写。

¥92 347.56	¥58 219.07	¥8 306.92	¥69 218.00

任务 3　0～9 十个阿拉伯数字反复书写 30 遍。要求财会专业的学生达到三级标准，非财会专业的学生达到四级标准。试试看，你达到了几级标准？

一级标准：2.5 分钟以内完成；二级标准：3 分钟以内完成；

三级标准：3.5 分钟以内完成；四级标准：4 分钟以内完成。

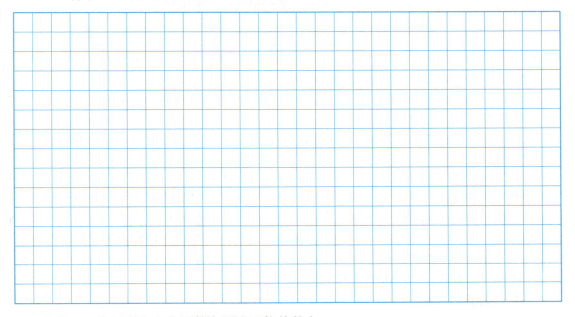

任务 4　将下列中文大写数字写成阿拉伯数字。

（1）人民币贰拾柒元伍角肆分　　　　　　　　　应写成＿＿＿＿＿＿＿＿＿

（2）人民币伍仟贰佰万零陆仟玖佰柒拾捌元整　　应写成＿＿＿＿＿＿＿＿＿

（3）人民币叁仟万零贰拾元整　　　　　　　　　应写成＿＿＿＿＿＿＿＿＿

（4）人民币壹拾玖万零贰拾叁元整　　　　　　　应写成＿＿＿＿＿＿＿＿＿

（5）人民币玖角捌分　　　　　　　　　　　　　应写成＿＿＿＿＿＿＿＿＿

（6）人民币柒万肆仟伍佰零贰元捌角陆分　　　　应写成＿＿＿＿＿＿＿＿＿

（7）人民币玖仟叁佰元零伍角整　　　　　　　　应写成＿＿＿＿＿＿＿＿＿

（8）人民币贰拾肆万零捌佰零壹元零玖分　　　　应写成＿＿＿＿＿＿＿＿＿

（9）人民币壹拾万元整　　　　　　　　　　　　应写成＿＿＿＿＿＿＿＿＿

（10）人民币陆佰万元零柒分　　　　　　　　　应写成＿＿＿＿＿＿＿＿＿

实训二　中文大写数字实训

一、实训目标

掌握中文大写数字的标准写法，做到要素齐全、数字正确、字迹清晰、不错漏、不潦草。

二、中文大写数字的标准写法

中文大写数字（包括数位）：零、壹、贰、叁、肆、伍、陆、柒、捌、玖、拾、佰、仟、万、亿、元、角、分、整（正）。中文大写数字的标准字体如下：

壹	贰	叁	肆	伍	陆	柒	捌	玖	拾	佰	仟	万	亿

三、中文大写金额数字的书写要求

（1）中文大写金额前加写"人民币"。

中文大写金额前应加"人民币"字样，并且与第一个大写数字之间不能留有空格。写数与读数顺序要一致。

（2）正确运用"整"字。

中文大写金额到"元"为止的，应当写"整"或"正"字，如¥480.00应写成"人民币肆佰捌拾元整"。中文大写金额到"角"为止的，可以在"角"之后写"整"或"正"字，也可以不写，如¥197.30应写成"人民币壹佰玖拾柒元叁角整"或者"人民币壹佰玖拾柒元叁角"。中文大写金额到"分"位的，不写"整"或"正"字，如¥94 862.57应写成"人民币玖万肆仟捌佰陆拾贰元伍角柒分"。

（3）正确书写"零"。

1）数字中间有"0"时，中文大写金额也要写"零"字，如¥1 304.78应写成"人民币壹仟叁佰零肆元柒角捌分"。

2）数字中间连续有几个"0"时，中文大写金额只写一个"零"字，如¥6 008.59应写成"人民币陆仟零捌元伍角玖分"。

3）数字万位或元位是"0"，或者数字中间连续有几个"0"，万位、元位也是"0"，但千位、角位不是"0"时，中文大写金额可以只写一个"零"字，也可以不写"零"字。如¥3 200.47可以写成"人民币叁仟贰佰元零肆角柒分"，也可以写成"人民币叁仟贰佰元肆角柒分"；又如¥107 000.23可以写成"人民币壹拾万柒仟元零贰角叁分"，也可以写成"人民币壹拾万零柒仟元贰角叁分"，还可以写成"人民币壹拾万柒仟元贰角叁分"；再如¥6 000 010.29可以写成"人民币陆佰万零壹拾元零贰角玖分"，也可以写成"人民币陆佰万零壹拾元贰角玖分"。

4）数字角位是"0"，而分位不是"0"时，中文大写金额元后面应写"零"字，如¥125.04应写成"人民币壹佰贰拾伍元零肆分"；又如¥60 309.07应写成"人民币陆万零叁佰零玖元零柒分"。

（4）"1"开头的别丢"壹"。

当数字首位是"1"时，前面必须写上"壹"字，如¥16.74应写成"人民币壹拾陆元柒角肆分"；又如¥100 000.00应写成"人民币壹拾万元整"。

（5）写错不准涂改。

为了防止作弊，银行、单位和个人填写的各种票据和结算凭证的中文大写金额一律不许涂改，一旦写错，则该凭证作废，需要重新填写。因此，会计人员在书写中文大写数字时必须认真，以减少书写错误的发生。

四、中文大写票据日期的书写要求

在会计工作中，经常要填写支票、汇票和本票，这些票据的出票日期必须使用中文大写。为了防止变造票据的出票日期，在填写月时，月为壹、贰和壹拾的，应在其前面加"零"。日为壹至玖和壹拾、贰拾、叁拾的，应在其前面加"零"；日为拾壹至拾玖的，应在其前面加"壹"。如1月12日，应写成"零壹月壹拾贰日"；10月30日，应写成"零壹拾月零叁拾日"；2008年4月9日，应写成"贰零零捌年肆月零玖日"。

五、实训任务

任务1　对照下表中的文字分别用楷体和行楷练习中文大写数字的书写。

零		零	
壹		壹	
贰		贰	
叁		叁	
肆		肆	
伍		伍	
陆		陆	
柒		柒	
捌		捌	
玖		玖	
拾		拾	
佰		佰	
仟		仟	
万		万	
亿		亿	
元		元	
角		角	
分		分	
整		整	

任务 2　将中文大写数字从零到拾书写 10 遍。5 分钟以内你能写完吗？是否正确、清晰、整齐、流畅、标准、规范和美观？

任务 3　将下列阿拉伯数字写成中文大写数字。

(1)　¥28 703.49　　　　　　应写成_____

(2)　¥160 000.00　　　　　　应写成_____

(3)　¥580.20　　　　　　　　应写成_____

(4)　¥3 000 070.10　　　　　应写成_____

(5)　¥60 104.09　　　　　　　应写成_____

(6)　¥109 080.80　　　　　　应写成_____

(7)　¥206 054.03　　　　　　应写成_____

(8)　¥80 001.20　　　　　　　应写成_____

(9)　¥76 003 000.00　　　　　应写成_____

(10)　¥96 274.58　　　　　　应写成_____

实训三　财务用章

某公司的印章管理制度如下：

印章管理制度

为加强对公司印章的管理，维护公司印章的权威性和严肃性，明确公司印章的使用权限、范围以及使用人、保管人、审批人的责权，严格事务审批程序，规范用印行为，提高服务质量和办事效率，防范风险，特制定本制度，望大家遵照执行。

一、印章定义

公司印章主要是指公章、法定代表人私章、合同章、财务章、发票专用章、各职能部门章等其他各种用于明确公司对外、对内权利、义务关系的印鉴。公司印章可以使用不同材质刻印。

二、印章管理

印章管理包括刻印、授权、使用、废止、更换。公司印章的管理应做到分散管理、相互制约、专人保管、严格审批、严格使用登记、规范用印。

1. 印章刻制

（1）所有印章的刻制工作应由行政部门指定专人负责。因工作需要申请新印章时，由需求部门提出申请，并说明新增印章的原因、用途和样式等，经行政部门、法律事务部门等确认后，报总经理核准。

（2）印章刻制完成后，行政部门应指定专人（至少两人同行）领回并交行政部长。行政部长应登记印章图样、领回时间、领回人员等信息并以蓝色印泥加盖在行政部门印章存档册中存档。

（3）刻制公章、合同章、财务章、发票专用章必须按国家规定在国家法定管理部门指定的地点办理，严禁在非法定机构刻制印章。

（4）私自刻印、伪造公司印章是触犯刑法的行为。任何人不得私自刻印、伪造公司印章，否则公司将追究其法律责任，由此导致的所有责任均由责任人承担。

2. 印章保管

（1）印章应授权指定的保管人负责保管，被指定的保管人应具备良好的职业道德和操守。印章保管人具有保管、登记、监督等多重责任与权利。

（2）任何部门在启用印章前，均须在行政部门办理领取手续，接受相应的权责告知，明确印章使用范围，并办理印章书面签收手续。印章保管人签收印章时，须查验印章是否有被使用过的痕迹，若发现有被使用过的痕迹，有权拒签，并应及时报告所在单位负责人。行政部门应将签收表单（应包含签收人签名、领取部门负责人签名、行政部门交付人签名、印章图样、领取时间）存档。

（3）公司预留在银行的印鉴必须为公司法定代表人私章、财务章。法定代表人私章与公章应分部门保管，其保管人不得为同一人。

（4）印章保管人应妥善保管印章，并规范用印。防止因印章丢失、被盗用、滥用等行为给公司造成损失。根据印章性质，印章保管人应承担的责权如下：

1）公章的保管人为公司总经理或总经理授权的专人，由总经理负责在董事会授权范围内审批使用。公章的保管人以公司总经理（或总经理授权人员）签字的审批单为依据使用公章。无相应审批单为依据使用公章，保管人负主要责任，经办人负次要责任。

2）法定代表人私章的保管者为公司行政部门，无独立使用权利。印章保管人需依据已盖公章的文件或财务部门负责人审批的支付申请或取汇款凭证方可使用，否则负全部责任。

3）财务章的保管人为财务部门负责人，无独立使用权利，但具有监督及使用审批权利。财务章应依据公司董事会授权的范围、会计制度、对外结算需要和公司授权的有权签字人签字同意的审批单使用。未在公司董事会授权范围内或以无公司授权的有权人签字同意的审批单为依据使用财务章，保管人负主要责任，经办人负次要责任。

4）业务章、合同章的保管人为公司相应的业务部门。在公司总经理授权范围内，可独立使用。未在授权范围内的，无独立使用权利，但具有监督及允许使用权利，须以公司有权审批人签字的审批单为依据使用。未在总经理授权范围内或未经公司有权审批人签字同意使用，业务章、合同章保管人承担主要责任，经办人承担次要责任。

5）其他职能部门印章保管人为各部门负责人。保管人对印章具有独立使用权利，同时负全部使用责任。

6）非特别原因，严禁在空白纸张、空白格式化文件上加盖公章、合同章、业务章、财务章和法定代表人私章等。经总经理特别批准同意加盖的空白纸张、空白格式化文件应采取编号、专人管理、严格审批、使用登记、定期稽核使用情况、定期缴销（剩余纸张或文件）等办法严格管理。

7）严禁任何人未经批准擅自将公章、合同章、法定代表人私章借出带离公司使用。确需携带印章、合同章等外出办事或出差时，应事先经总经理批准，并应至少由两人共同登记《印章借用登记本》，共同携带印章，共同使用。办理完毕后，经办人应共同归还印章，并办理借用注销登记。

8）经办人、审批人对其盖章的材料内容的真实性、合理性、合法性负全责。

9）印章使用申请人及管理负责人要严格按照上述规定申请使用印章，如出现问题，后果自负。给公司造成损失的，公司有权依法追究其责任。

三、印章使用

1. 公章

（1）以公司名义上报、外送、下发的文件资料（含文件、资料、报表等），经总经理审阅批准后方可加盖公章。

（2）申请盖章人须填写申请单，填写内容包括申请部门、经办人姓名（本人签名）、申请日期、文件名称及内容摘要、拟报送部门或用途等，内容应填写完整无误，经申请部门领导、分管领导审批同意后，与须盖公章的文件资料一并送公司总经理（或经总经理明确授权的盖章签批人，下同）核准签批。文件资料的内容如需要其他部门核实确认的，申请单还应有其他部门相应人员的签字。

（3）总经理已签批的申请单和相应的文件资料原则上应由专人负责保管、传送至公章保管专人盖章。

（4）公司总经理或总经理指定的公章保管专人根据已签批的申请单在文件资料上加盖公章，并在印章使用登记簿内登记盖章日期、事项、报送单位等。申请盖章的经办人应在印章使用登记簿内签收并检查已盖章文件资料，如发现问题应当场解决。用印完毕后，印章保管人应将申请单收集存档。

（5）负责保管、传送总经理已签批文件的专人不得遗失、增加、替换、扣押文件资料，否则视为严重违反公司制度，应负全责。

2. 法定代表人私章

涉及办理银行业务、支付款项等须加盖法定代表人私章的，须凭总经理签批的申请单或总经理文件上的签字方可加盖法定代表人私章。已盖好公章的文件资料，需要加盖法定代表人私章的，可直接盖章。盖好法定代表人私章后，公司法定代表人私章保管人应在相应审批表上注明法定代表人私章已盖的标志，防止重复盖章的现象出现。

3. 公司财务章、发票专用章

（1）公司财务章主要用于银行汇票、现金支票、付款及托收等需要加盖银行预留印鉴等业务。

（2）业务付款的银行汇票、付款及托收凭证等，由业务部门根据业务情况打印付款、收款申请单后，按公司流程经总经理审批通过后，方可盖章。资产采购付款等单据，由公司行政部门经办人填写有关付款申请单，按公司流程经公司总经理审批通过后，方可盖章。

（3）现金支票1万元以下，财务经理须做好备用金记录登记后方可盖章。超过1万元以上，须总经理审批通过后方可开具支票并加盖财务章。

（4）发票专用章由财务部门负责人指定专人保管，仅在公司对外开具发票、收款收据上使用。

4. 合同章

合同章由公司业务部门负责人保管，主要用于公司部门签订各类购销合同。公司根据合同金额大小，授权审批权限给相关人员。所有业务合同需要按公司规定流程，经有权审批人审批同意后方可加盖业务合同章。公司采购部门应每隔半年将申请使用的登记表交行政部门存档。

5. 业务章

各职能部门业务章，由部门负责人保管。仅适用于各部门内部使用，主要用于公司内部部门之间沟通交接和本部门内部管理使用。职能部门业务章（如质量管理部门章、物流部门章）对外使用的，应比照合同章管理规定，由部门负责人在授权权限内使用。

四、印章废止、更换

（1）废止或缴销印章，应由保管人员填写废止申请单，并呈公司总经理核准后交由公司行政部门统一废止或缴销，分支机构应交由总部行政部门统一废止或缴销。

（2）遗失印章时责任人应立即向总经理汇报，并由印章保管人员填写废止申请单（详细说明遗失原因、责任人、可能造成的后果、已经采取的补救措施、预计还需要采取的措施及成本、责任人处罚建议），呈公司总经理核准后，交由行政部门按批示处理。

（3）如遗失公司基本印章（公章、财务章、法定代表人私章、发票专用章、合同章、业务章），必须登报申明并及时向公司董事会报备。

（4）更换印章时，应由印章保管人员填写废止申请单，说明更换原因，并呈所在公司总经理核准后，交由行政部门按批示处理。如有需要，须填写《新增印章申请单》申请新的印章。

项目二

会 计 凭 证

实训四　原始凭证的填制与审核

　　原始凭证的填制是财会类专业学生必须熟练掌握的技能之一。原始凭证是在经济业务发生或完成时取得或填制的，用以记录或证明经济业务的发生或完成情况的文字凭据。它不仅可以用来记录经济业务的发生或完成情况，还可以明确经济责任，是进行会计核算工作的原始资料和重要依据，是会计资料中最具有法律效力的一种文件。工作令号、购销合同、购料申请单等不能证明经济业务发生或完成情况的各种单证不能作为原始凭证据以记账。

一、实训目标

　　明确原始凭证应具备的基本要素，熟悉部分有代表性的原始凭证的基本格式，掌握填制原始凭证的基本操作技能，熟悉原始凭证从填制到审核的流程。

二、实训知识

　　原始凭证，也称单据，是由业务经办人员直接取得或填制，用以表明某项经济业务已经发生或完成情况并明确有关经济责任的一种凭证。原始凭证必须具备的基本内容有：凭证名称、填制凭证日期、填制单位名称或填制人姓名、经办人的签名盖章、接受单位的名称、经济业务内容以及经济业务的数量、单价和金额等。此外，原始凭证一般还需要载明凭证的附件和凭证编号。

三、实训要求

　　原始凭证既是具有法律效力的书面证明，又是进行会计处理的基础。为此，填制原始凭证时必须严格遵守以下要求：
　　（1）真实可靠，即如实填列经济业务的内容和数字，不得弄虚作假，不得涂改和挖补。随意涂改的原始凭证为无效凭证，不能作为填制记账凭证和登记账簿的依据。
　　（2）内容完整，即应该填写的各项内容都要填写齐全，不得遗漏。需注意的是，年、月、日要按照填制原始凭证的实际日期填写；名称要写全，不能简化；品名或用途要填写明确，不能含糊不清；有关经办业务人员的签章必须齐全。

（3）填制及时，即每当一项经济业务发生或完成时，都要立即填制原始凭证，做到不积压、不误时、不事后补制，并按规定的程序及时送交会计机构、会计人员进行审核。

（4）书写清楚。原始凭证的上的数字、文字填写必须清晰、正确、易于辨认，不得使用未经国务院公布的简化汉字。大小写金额要符合规定，金额前要写明货币符号，如人民币用"￥"表示，港币用"HK＄"表示，美元用"US＄"表示等。金额数字写到角、分为止，无角、分的，用"0"表示。大写金额后无角、分的，在"元"字后用"整"字结尾。原始凭证如填错，不得随意涂改、刮擦、挖补，应按规定方法更正。但对涉及货币资金收付的原始凭证，如有填错，则必须将其作废重填，并将错误的凭证加盖"作废"戳记。

（5）手续完备。单位自制的原始凭证必须有经办单位领导或者其指定人员的签名盖章；对外开出的原始凭证必须加盖本单位公章；从外部取得的原始凭证，必须盖有填制单位的公章；从个人取得的原始凭证，必须有填制人员的签名盖章。

（6）编号连续。如果原始凭证已预先印定编号，在写错作废时，应加盖"作废"戳记，妥善保管，不得撕毁。

（7）不得涂改、刮擦、挖补。原始凭证有错误的，应当由出具单位重开或更正，更正处必须加盖出具单位印章。原始凭证金额有错误的，应当由出具单位重开，不得在原始凭证上更正。

四、实训要点

本次实训的重点是掌握原始凭证的基本内容、填制方法和原始凭证填制的要求，从实际业务出发，理解原始凭证的产生与所发生经济业务的内在联系。在此基础上加强填制原始凭证的练习，进一步提高学生填写原始凭证的技能。学生在填制原始凭证前，要熟悉实训资料中每笔经济业务的描述，了解业务发生的条件、原因、制度规定和具体情况；在熟悉经济业务的基础上，逐笔填制原始凭证，要按原始凭证的基本要素填列，不得遗漏；原始凭证上所反映的经济业务的内容，必须与实际相符；凡填写大、小写金额的凭证，大写与小写金额必须相符；对填制完毕的原始凭证，要逐笔检查业务手续、凭证要素是否齐全。

五、相关法规规定

《会计基础工作规范》于1996年6月17日公布（财会字〔1996〕19号），根据2019年3月14日《财政部关于修改〈代理记账管理办法〉等2部部门规章的决定》修改。

《会计基础工作规范》对原始凭证的基本要求如下：

第四十七条　各单位办理本规范第三十七条规定的事项，必须取得或者填制原始凭证，并及时送交会计机构。

第四十八条　原始凭证的基本要求是：

（一）原始凭证的内容必须具备：凭证的名称；填制凭证的日期；填制凭证单位名称或者填制人姓名；经办人员的签名或者盖章；接受凭证单位名称；经济业务内容；数量、

单价和金额。

（二）从外单位取得的原始凭证，必须盖有填制单位的公章；从个人取得的原始凭证，必须有填制人员的签名或者盖章。自制原始凭证必须有经办单位领导人或者其指定的人员签名或者盖章。对外开出的原始凭证，必须加盖本单位公章。

（三）凡填有大写和小写金额的原始凭证，大写与小写金额必须相符。购买实物的原始凭证，必须有验收证明。支付款项的原始凭证，必须有收款单位和收款人的收款证明。

（四）一式几联的原始凭证，应当注明各联的用途，只能以一联作为报销凭证。

一式几联的发票和收据，必须用双面复写纸（发票和收据本身具备复写纸功能的除外）套写，并连续编号。作废时应当加盖"作废"戳记，连同存根一起保存，不得撕毁。

（五）发生销货退回的，除填制退货发票外，还必须有退货验收证明；退款时，必须取得对方的收款收据或者汇款银行的凭证，不得以退货发票代替收据。

（六）职工公出借款凭据，必须附在记账凭证之后。收回借款时，应当另开收据或者退还借据副本，不得退还原借款收据。

（七）经上级有关部门批准的经济业务，应当将批准文件作为原始凭证附件。如果批准文件需要单独归档的，应当在凭证上注明批准机关名称、日期和文件字号。

第四十九条　原始凭证不得涂改、挖补。发现原始凭证有错误的，应当由开出单位重开或者更正，更正处应加盖开出单位的公章。

六、实训资料

了解了会计基础工作中原始凭证的要素与填制注意要点后，接下来我们就进行实训。通过模拟企业发生的经济业务进行实训，在实例中掌握原始凭证的填写技能，再从练习中加强。

企业主体基本情况：北京市大华电器公司成立于 1990 年，是从事电器设备生产和销售的一般纳税人企业，注册资本为 1 000 万元人民币，法人代表：李昊霆（董事长、总经理）。

纳税人识别号：110199061405146

开户银行：工行朝阳路支行

账号：81651058596958001

地址：北京市朝阳路 968 号

电话：87674588

公司有员工 1 000 人，内设五科一室、两个基本生产车间和一个辅助生产车间，即总经理室、采购科、生产科、市场调查科、销售科、财务科和一、二车间（基本生产车间）及机修车间（辅助生产车间）。产品原料是随生产进度在每一工序陆续投入。公司执行企业会计准则，财务科主要负责现金、银行存款和发票管理；资金的预算及应收账款控制分析管理；财务核算、成本分析、编制财务报表和文书档案管理等工作。财务科长：刘琦；会计：张雪；出纳：王涛；总账：赵刚；材料仓管员：李勇；材料验收员：郑华；成品仓管员：张宇。

材料入库与出库业务，由材料仓管员填制入（出）库单，由经办人签字后，其中两联交供料科，经负责人审核签字后分别由材料核算员与会计进行核对。产品入（出）库业务，由成品仓管员张宇填制入（出）库单据，由相关人员签字后，登记销售台账，其余各联交财务科进行核算。

公司执行企业会计准则，存货按计划成本核算。公司为增值税一般纳税人，增值税税率为13%，城市维护建设税税率为7%，教育费附加比例为3%。公司按有关部门规定的比例给职工交社保，养老保险：单位12%，个人8%；失业保险：单位0.5%，个人0.5%；工伤保险：单位1.5%；医疗保险：单位5%，个人2%；生育保险：单位0.9%。

七、实训内容

下面是北京市大华电器公司2019年12月发生的经济业务及需要填制的原始凭证。

（一）收料单的填制

1. 实例资料

2日，上月所购材料到达并验收入库，该材料发票账单上月已收到并已结算货款，所购材料明细为：编号C01、型号（规格）ZD0001离心式风机2 500台，计划单价200元；编号C03、型号（规格）YZ0001电热元件2 000件，计划单价100元，总计700 000元。

收料单

收料部门：仓库　　　　　　　2019年12月2日　　　　　　　收字第4号

种类	编号	名称	规格	数量	单位	单价	千	百	十	万	千	百	十	元	角	分
材料	C01	离心式风机	ZD0001	2 500	台	200		5	0	0	0	0	0	0	0	0
材料	C03	电热元件	YZ0001	2 000	件	100		2	0	0	0	0	0	0	0	0
备注								¥	7	0	0	0	0	0	0	0

（成本总额 列头覆盖 千百十万千百十元角分）

第三联 财务记账

负责人：刘琦　　　记账：张雪　　　验收：郑华　　　填单：李勇

2. 实训要求

收料单是企业购进材料验收入库时，由仓库保管员根据购入材料的实际验收情况填制的一次性原始凭证。填制时各项内容要齐全，收料单一般一式三联，一联由仓库留存，并据以登记材料明细账；一联由会计部门留存，作为付款和编制记账凭证的依据；一联交给采购人员留存备查。材料未验收入库则暂不填收料单。

根据业务描述以及外来凭证（供应商开出的增值税专用发票等）提供的信息填制收料单时，要注意以下几点：

（1）经济业务发生时间。

（2）材料明细包括材料种类、编号、名称、规格、数量、单位、单价、成本总额。填写材料明细时，注意每种材料的成本总额前可不加人民币符号"￥"封顶，但全部材料的总金额前必须加人民币符号"￥"封顶。

（3）材料的明细资料填写完成后，由填单人、验收人、记账人、负责人签名盖章。

3. 实训任务

根据下列资料完成任务。收料单的号数请以收料单的先后顺序号进行填列（从 1 号开始）。

（1）3 日，从知仁电子公司购入编号 D01、型号 HJ002 断路器 300 台，计划单价为 75 元，总计 22 500 元。当天发票已收到，材料已验收入库，货款已支付。根据业务描述填写收料单。

收料单

收料部门：仓库　　　　　　　年　月　日　　　　　　字第　号

种类	编号	名称	规格	数量	单位	单价	成本总额									
							千	百	十	万	千	百	十	元	角	分
备注																

第三联　财务记账

负责人：　　　　记账：　　　　验收：　　　　填单：

（2）10 日，上月所购材料到达并验收入库且收到材料发票账单，所购材料明细为：编号 E01 甲材料 750 千克，计划单价 45 元；编号 E02 乙材料 900 千克，计划单价 30 元；编号 E03 丙材料 300 千克，计划单价 25 元，总计 68 250 元。货款已支付。根据业务描述填写收料单。

收料单

收料部门：仓库　　　　　　　年　月　日　　　　　　字第　号

种类	编号	名称	规格	数量	单位	单价	成本总额									
							千	百	十	万	千	百	十	元	角	分
备注																

第三联　财务记账

负责人：　　　　记账：　　　　验收：　　　　填单：

（3）25 日，从杭州机电股份有限公司购入 Y 型电动机 3 000 台，不含税的计划单价为 200 元；Z 型电动机 2 500 台，不含税的计划单价为 450 元，共计价款 1 725 000 元，增值税 224 250 元。材料已验收入库，货款未支付，增值税专用发票也未收到。根据业务描述填写收料单。

收料单

收料部门：仓库　　　　　　　　　　年　　月　　日　　　　　　　　字第　　号

种类	编号	名称	规格	数量	单位	单价	成本总额										第三联　财务记账
							千	百	十	万	千	百	十	元	角	分	
备注																	

负责人：　　　　　　　记账：　　　　　　　　验收：　　　　　　　填单：

（4）26 日，从北京宇航电子厂购入规格 XI002 电热元件 800 件，规格 DX002 离心式风机 1 000 台，不含税的计划单价分别为 100 元与 200 元。货款已支付，材料验收入库。根据业务描述填写收料单。

收料单

收料部门：仓库　　　　　　　　　　年　　月　　日　　　　　　　　字第　　号

种类	编号	名称	规格	数量	单位	单价	成本总额										第三联　财务记账
							千	百	十	万	千	百	十	元	角	分	
备注																	

负责人：　　　　　　　记账：　　　　　　　　验收：　　　　　　　填单：

（5）27 日，从福建天马有限公司购入规格 FL001 的电源开关 600 个，不含税的计划单价为 25 元，价款共计 15 000 元，增值税税额为 1 950 元。材料已验收入库，货款已支付。根据业务描述填写收料单。

收料单

收料部门：仓库　　　　　　　　　　　　　　年　月　日　　　　　　　　　　　字第　号

种类	编号	名称	规格	数量	单位	单价	成本总额									
							千	百	十	万	千	百	十	元	角	分
备注																

第三联　财务记账

负责人：　　　　　　　记账：　　　　　　　验收：　　　　　　　填单：

（二）支出证明单的填制

1. 实例资料

5 日，购买办公用笔记本 400 本，以现金付讫价款共计 2 000 元。

支出证明单
2019 年 12 月 5 日

附件共　张

支出科目	摘要	金额							缺乏正式单据之原因
		万	千	百	十	元	角	分	
办公用品	购办公用笔记本		2	0	0	0	0	0	
									现金付讫

合计：人民币（大写）零万贰仟零佰零拾零元零角零分　　　￥2 000.00

核准：　　　　　　　复核：　　　　　　　证明人：　　　　　　　经手：

2. 实训要求

支出证明单是企业自制的内部原始凭证，是证明企业对外支付货款或劳务费的证明，无论是现金付讫还是转账付讫都需要填写的一次性原始凭证。支出证明单一般是一式两联，一联由出纳部门留存；一联交给财务报账。注意支出证明单只是企业内部支出现金的原始票据，它不能代替发票作为财务记账的依据，还需取得相应的支出发票，才可记账。

根据业务描述以及外来凭证（增值税专用发票、普通发票等）提供的信息填写支出证明单时，要注意以下几点：

（1）支出证明单的内容包括业务发生的时间、支出科目（填写部门自己设置的科目名称）、摘要（简明扼要说明用途）、大写数字金额、小写数字金额。填写支出证明单时，注意每项支出的小写数字金额前可不加人民币符号"￥"封顶，但全部支出的总金额前必须加人民币符号"￥"封顶。

（2）支出证明单填写完成后，由经手人、证明人、核准人、复核人签名盖章。

（3）付出现金后，还应在凭证上加盖"现金付讫"印章；若是转账支付，则在凭证上加盖"转账付讫"印章。下面的支出证明单都已盖上"现金付讫"或"转账付讫"印章，这是为了便于学生填制完成后看到完整的原始凭证，但要注意，在实务中，"现金付讫"或"转账付讫"印章是在各工序完成后盖上的。

3. 实训任务

根据下列业务资料完成任务：

（1）9日，从北京红鸽文化用品公司购买办公用品1 000元，已用现金付讫，收到增值税普通发票一张。根据业务描述以及相关发票内容填写现金付讫的支出证明单。

北京市增值税普通发票

开票日期：2019年12月9日   No.02036895

购买方	名　　　称：北京市大华电器公司 纳税人识别号：110199061405146 地址、电话：北京市朝阳路968号 87674588 开户行及账号：工行朝阳路支行 　　　　　　　81651058596958001	密码区	45687478/>+<1248<-< 加密版本：01* +--457-</148<-22-45 8641516972*-4-78 879458136845<7+0 14785419/92/279>> >98>><1 478131

货物或应税劳务名称	规格型号	单位	数量	单价	金额	税率	税额
档案盒		个	50	6.00	300.00	13%	39.00
装订机		个	2	210.00	420.00	13%	54.60
信笺		本	100	2.80	280.00	13%	36.40
合计					¥1 000.00		¥130.00

价税合计（大写）	⊗壹仟壹佰叁拾元整		（小写）¥1 130.00

销售方	名　　　称：北京红鸽文化用品公司 纳税人识别号：110153661354698 地址、电话：北京市复兴路166号 68563287 开户行及账号：工行复兴路支行 　　　　　　　81651058324732476	备注	北京红鸽文化用品公司 110153661354698 发票专用章

收款人：　　　　　复核：　　　　　开票人：　　　　　销货单位：（章）

第二联 发票联 购货方记账凭证

支出证明单

年　　月　　日　　　　　　　　　　　　　　附件共　　张

支出科目	摘要	金额							缺乏正式单据之原因
		万	千	百	十	元	角	分	
									现金付讫

合计：人民币（大写）　万　仟　佰　拾　元　角　分　　　　¥

核准：　　　　　复核：　　　　　证明人：　　　　　经手：

（2）12 日，职工李云报销培训费 900 元，以现金支付。根据业务描述以及相关发票内容填写现金付讫的支出证明单。

北京市行政事业性收费统一发票

发票号码：8479542

收费日期：2019 年 12 月 12 日

交费单位或个人	北京市大华电器公司		收费许可证字号					85	
收费项目	收费标准	金额							备注
		万	千	百	十	元	角	分	
培训费	900			9	0	0	0	0	
		￥		9	0	0	0	0	
合计	人民币（大写）零万零仟玖佰零拾零元零角零分								

收费单位（公章）财务专用章　　　　　负责人：　　　　　　开票人：周文

第二联　发票联

支出证明单

年　　月　　日　　　　　　　　　　　　　　　　附件共　张

支出科目	摘要	金额							缺乏正式单据之原因
		万	千	百	十	元	角	分	
									现金付讫
合计：人民币（大写）　　万　仟　佰　拾　元　角　分　　￥									

核准：　　　　　　复核：　　　　　　　证明人：　　　　　　经手：

（3）22 日，以现金支付公司汽车过路费及过桥费 850 元。根据业务描述填写现金付讫的支出证明单。

支出证明单

年　　月　　日　　　　　　　　　　　　　　　　附件共　张

支出科目	摘要	金额							缺乏正式单据之原因
		万	千	百	十	元	角	分	
									现金付讫
合计：人民币（大写）　　万　仟　佰　拾　元　角　分　　￥									

核准：　　　　　　复核：　　　　　　　证明人：　　　　　　经手：

（4）25日，经领导同意，给予职工刘明困难补助600元。根据业务描述填写现金付讫的支出证明单。

支出证明单

年　月　日　　　　　　　　　　附件共　张

支出科目	摘要	金额							缺乏正式单据之原因
		万	千	百	十	元	角	分	
									现金付讫

合计：人民币（大写）　万　仟　佰　拾　元　角　分　　　¥

核准：　　　　　复核：　　　　　证明人：　　　　　经手：

（5）26日，以现金支付购买办公用品费用800元。根据业务描述填写现金付讫的支出证明单。

支出证明单

年　月　日　　　　　　　　　　附件共　张

支出科目	摘要	金额							缺乏正式单据之原因
		万	千	百	十	元	角	分	
									现金付讫

合计：人民币（大写）　万　仟　佰　拾　元　角　分　　　¥

核准：　　　　　复核：　　　　　证明人：　　　　　经手：

（6）28日，采购部李林赴南京参加商品展销会，经批准向财务科借差旅费2 000元，财务人员审核无误后支付现金（要求月底归还）。根据业务描述及相关原始凭证填写现金付讫的支出证明单。

借款单

2019年12月28日

姓名	李林
事由	赴南京参加商品展销会
借款金额	（大写）贰仟元整　　　　¥2 000.00
领导批示	同意借款 蔡志明
备注	现金付讫

支出证明单

年　月　日　　　　　　　　　　　　　　　　附件共　张

支出科目	摘要	金额							缺乏正式单据之原因
		万	千	百	十	元	角	分	
									现金付讫
合计：人民币（大写）　万　仟　佰　拾　元　角　分　　　¥									

核准：　　　　　　复核：　　　　　　证明人：　　　　　　经手：

（三）现金支票的填制

1. 实例资料

6 日，开出现金支票一张，票号ⅩⅢ3576801，提取现金 8 000 元，以备零星开支。

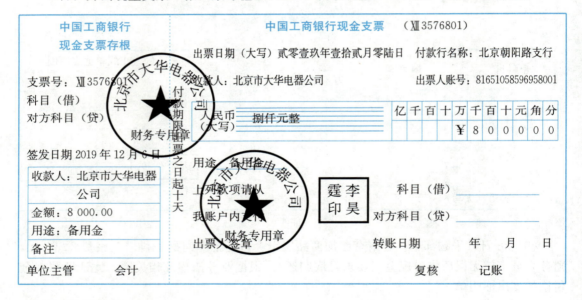

2. 实训要求

现金支票是用于支取现金，对于符合《银行账户管理办法》和《现金管理条例》规定的各种款项，银行在见票时无条件支付给收款人确定金额的现金票据。它可以由存款人签发用于到银行为本单位提取现金，也可以签发给其他单位和个人用来办理结算或者委托银行代为支付现金给收款人。现金支票只能用于支取现金，不得用于转账，并且只能在出票人的开户行支取。现金支票分为正票与存根，正票用于提取现金，存根则是企业留存的凭证，是登记记账凭证的依据。

根据业务描述以及其他凭证（借据、工资汇总表等）提供的信息填制现金支票时，应注意以下几点：

（1）出票日期：填写正票的出票日期必须是中文大写数字，而存根的签发日期用小写数字填写便可。收款人：写收款单位全称或收款人全称，正票与存根必须填写一致。

（2）签发的金额：正票的中文大写数字金额与小写数字金额需相符。其中，中文大写数字金额必须靠左顶格书写，小写数字金额前则必须加人民币符号"￥"封顶；存根的金额填写中，小写数字金额可加也可不加人民币符号"￥"，需要注意的是，不加人民币符号"￥"封顶时需要靠左顶格书写。

（3）填写用途及签章：签发现金支票需要写明用途。在填写完成后，要盖上企业财务专用章及企业法人代表的印章，还可以盖上财务主管人的印章或出纳主管的印章（盖2～3个章，起到监管作用）。银行需要预留印鉴，并在以上几个印章中选一个作为骑缝印盖在正票与存根的骑缝上。

3．实训任务

根据下列业务资料完成任务：

（1）5日，本公司采购员李浩经领导批准，计划到西安出差，预借差旅费 1 500 元。以现金支票（票号：Ⅻ3576802）付讫。根据业务描述以及相关单据填写现金支票。

借据
2019 年 12 月 5 日

借款部门	采购科	职别		采购员	出差人姓名		李浩
借款事由	到西安出差						
借款金额人民币（大写）		壹仟伍佰元整					￥1 500.00
批准人	王政		部门负责人	许强		财务负责人	刘琦

收款人：李浩

中国工商银行 现金支票存根	中国工商银行现金支票　（Ⅻ3576802）
支票号：Ⅻ3576802 科目（借） 对方科目（贷） 签发日期　　年　月　日 收款人： 金额： 用途： 备注 单位主管　　会计	出票日期（大写）　年　月　日　付款行名称：北京朝阳路支行 收款人：　　　　　　　出票人账号：81651058596958001 人民币（大写）　　　　亿千百十万千百十元角分 用途 上列款项请从　　　　科目（借） 我账户内支付　　　　对方科目（贷） 出票人签章　　　转账日期　年　月　日 复核　　记账

（付款期限出票之日起十天）

（2）8日，开出现金支票（票号：Ⅻ3576803），支付上月职工工资 294 240 元。根据业务描述以及相关单据填写现金支票。

北京市大华电器公司工资汇总结算表

2019 年 11 月 30 日

单位：元

编号	部门	基本工资	津贴	奖金	缺勤应扣		应付工资	代扣款项		实发工资
					事假	迟到早退		代扣税款	其他代扣	
1	行政办公室	28 000.00	3 000.00	2 000.00	0	0	33 000.00	1 450.00		31 550.00
2	人力资源部	15 000.00	1 400.00	700.00	0	0	17 100.00	640.00		16 460.00
3	财务科	21 000.00	1 900.00	800.00	0	0	23 700.00	840.00	现金付讫	22 860.00
4	销售科	20 000.00	1 820.00	1 800.00	230.00	20.00	23 370.00	750.00		22 620.00
5	采购科	6 000.00	420.00	1 300.00	0	0	7 720.00	430.00		7 290.00
6	产品生产人员	155 700.00	2 800.00	25 000.00	270.00	20.00	183 210.00	1 170.00		182 040.00
7	车间管理人员	9 000.00	700.00	2 200.00	0	0	11 900.00	480.00		11 420.00
	合计	254 700.00	12 040.00	33 800.00	500.00	40.00	300 000.00	5 760.00		294 240.00

中国工商银行
现金支票存根

支票号：ⅩⅢ3576803
科目（借）
对方科目（贷）

签发日期　年　月　日

收款人：	
金额：	
用途：	
备注：	

单位主管　　会计

付款期限出票之日起十天

中国工商银行现金支票　（ⅩⅢ3576803）

出票日期（大写）　年　月　日　付款行名称：北京朝阳路支行
收款人：　　　　　　　　　出票人账号：81651058596958001

人民币（大写）	亿	千	百	十	万	千	百	十	元	角	分

用途
上列款项请从　　　　　科目（借）
我账户内支付　　　　　对方科目（贷）
出票人签章　　　转账日期　　年　月　日
　　　　　　　　复核　　记账

（3）10 日，采购员王平经领导批准，预借差旅费 5 000 元到广州办理采购业务，开出一张现金支票（票号：ⅩⅢ3576804）支付。根据业务描述以及相关单据填写现金支票。

借据

2019 年 12 月 10 日

借款部门	采购科		职别	采购员	出差人姓名	王平
借款事由	到广州出差					
借款金额人民币（大写）		伍仟元整				¥5 000.00
批准人	王政		部门负责人	王涛	财务负责人	刘琦

收款人：王平

中国工商银行
现金支票存根

支票号：ⅩⅡ3576804
科目（借）
对方科目（贷）

签发日期　年　月　日

| 收款人： |
| 金额： |
| 用途： |
| 备注 |

单位主管　　会计

中国工商银行现金支票　　（ⅩⅡ3576804）

出票日期（大写）　年　月　日　　付款行名称：北京朝阳路支行

收款人：　　　　　　　　　　　　出票人账号：81651058596958001

付款期限出票之日起十天

人民币 （大写）	亿	千	百	十	万	千	百	十	元	角	分

用途

上列款项请从　　　　　　　　科目（借）

我账户内支付　　　　　　　　对方科目（贷）

出票人签章　　　　　　　　转账日期　　年　　月　　日

复核　　　记账

（4）21日，开出一张现金支票（票号：ⅩⅡ3576805），提取现金2 000元以备日常零星支出。根据业务描述填写现金支票。

中国工商银行
现金支票存根

支票号：ⅩⅡ3576805
科目（借）
对方科目（贷）

签发日期　年　月　日

| 收款人： |
| 金额： |
| 用途： |
| 备注 |

单位主管　　会计

中国工商银行现金支票　　（ⅩⅡ3576805）

出票日期（大写）　年　月　日　　付款行名称：北京朝阳路支行

收款人：　　　　　　　　　　　　出票人账号：81651058596958001

付款期限出票之日起十天

人民币 （大写）	亿	千	百	十	万	千	百	十	元	角	分

用途

上列款项请从　　　　　　　　科目（借）

我账户内支付　　　　　　　　对方科目（贷）

出票人签章　　　　　　　　转账日期　　年　　月　　日

复核　　　记账

（5）25日，开出一张现金支票（票号：ⅩⅡ3576806），提取现金7 890元用于年夜饭活动奖金。根据业务描述填写现金支票。

中国工商银行
现金支票存根

支票号：XⅢ3576806
科目（借）
对方科目（贷）

签发日期　年　月　日

| 收款人： |
| 金额： |
| 用途： |
| 备注 |

单位主管　　会计

付款期限出票之日起十天

中国工商银行现金支票　（XⅢ3576806）

出票日期（大写）　年　月　日　付款行名称：北京朝阳路支行

收款人：　　　　　　　　　　　出票人账号：81651058596958001

人民币（大写）	亿	千	百	十	万	千	百	十	元	角	分

用途

上列款项请从　　　　　　科目（借）＿＿＿＿＿＿

我账户内支付　　　　　　对方科目（贷）＿＿＿＿＿

出票人签章　　　　转账日期　　　年　　月　　日

复核　　　记账

（6）28日，开出一张现金支票（票号：XⅢ3576807），提取现金168 580元预备发年终奖。根据业务描述填写现金支票。

中国工商银行
现金支票存根

支票号：XⅢ3576807
科目（借）
对方科目（贷）

签发日期　年　月　日

| 收款人： |
| 金额： |
| 用途： |
| 备注 |

单位主管　　会计

付款期限出票之日起十天

中国工商银行现金支票　（XⅢ3576807）

出票日期（大写）　年　月　日　付款行名称：北京朝阳路支行

收款人：　　　　　　　　　　　出票人账号：81651058596958001

人民币（大写）	亿	千	百	十	万	千	百	十	元	角	分

用途＿＿＿＿＿＿＿＿＿＿＿

上列款项请从　　　　　　科目（借）＿＿＿＿＿＿

我账户内支付　　　　　　对方科目（贷）＿＿＿＿＿

出票人签章　　　　转账日期　　　年　　月　　日

复核　　　记账

（7）29日，开出一张现金支票（票号：XⅢ3576808），提取5 000元现金以备零星支出。根据业务描述填写现金支票。

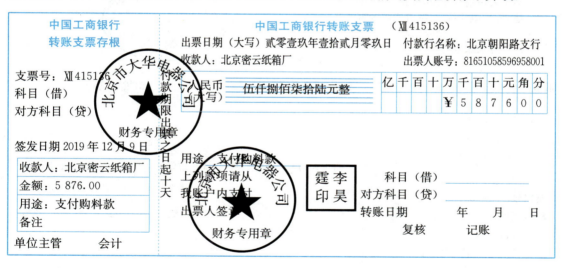

中国工商银行 现金支票存根	中国工商银行现金支票　（ⅩⅢ3576808）		
	出票日期（大写）　年　月　日　付款行名称：北京朝阳路支行		
支票号：ⅩⅢ3576808	收款人：　　　　出票人账号：81651058596958001		
科目（借） 对方科目（贷）	人民币 （大写）　　　　　亿千百十万千百十元角分		
签发日期　年　月　日	用途		
收款人： 金额： 用途： 备注	上列款项请从　　　　科目（借） 我账户内支付　　　对方科目（贷） 出票人签章　　　　转账日期　　年　月　日		
单位主管　　会计	复核　　记账		

（四）转账支票的填制

1. 实例资料

9日，在北京密云纸箱厂采购纸箱800个，计划单价6.5元，增值税676元。开出工行转账支票一张（票号：ⅩⅢ415136），支付购货款。（购买材料或商品，签发票据支付款项时，若是材料已验收入库，还需填写收料单。实例中的收料单由学生参照之前的实例继续练习填写。）

中国工商银行 转账支票存根	中国工商银行转账支票　（ⅩⅢ415136）		
	出票日期（大写）贰零壹玖年壹拾贰月零玖日　付款行名称：北京朝阳路支行		
支票号：ⅩⅢ415136	收款人：北京密云纸箱厂　出票人账号：81651058596958001		
科目（借） 对方科目（贷）	人民币（大写）伍仟捌佰柒拾陆元整　亿千百十万千百十元角分　¥587600		
签发日期2019年12月9日			
收款人：北京密云纸箱厂 金额：5 876.00 用途：支付购料款 备注	用途 支付购料款 上列款项请从　　　科目（借） 我账户内支付　　对方科目（贷） 出票人签章　　　转账日期　年　月　日		
单位主管　　会计	复核　　记账		

2. 实训要求

转账支票是由付款人签发，委托银行将款项（非现金）支付给收款人或持票人，银行在见票时无条件支付确定的金额给收款人或持票人的一种票据。付款单位应在账户余额内签发支票且不能低于规定起点。转账支票可以用于同城交易的各种款项支付，且只能用于转账，不能提现。转账支票可以背书转让给其他债权人，但必须由出票人授权补记。转账支票与现金支票一样，分为正票与存根两部分，正票是收款单位或个人到其开户银行办理转账的凭证。支票的有限期为10天，日期首尾算一天，遇节假日顺延。

根据业务描述以及外来凭证（供应商开出的增值税专用发票或普通发票等）提供的信

息填写转账支票，并注意填写要点。（与现金支票填写要点基本相同）

3. 实训任务

根据下列业务资料完成任务：

（1）11 日，报销本月业务招待费 8 000 元，签发一张转账支票（票号：ⅩⅢ415137）。收到北京娱乐有限责任公司开具的发票一张，据以填写转账支票。根据业务描述以及相关单据填写转账支票。

北京市增值税普通发票

开票日期：2019 年 12 月 11 日　　　　　　No. 130062140

购买方	名　　　称：北京市大华电器公司 纳税人识别号：110199061405146 地址、电话：北京市朝阳路 968 号 87674588 开户行及账号：工行朝阳路支行 81651058596958001	密码区	45687478/>+<1248<-< 加密版本：01 * +--457-</148<-22-45 8641516972 * -4-78> 879458136845<7+0 14785419/92/279>> >98>><1 478131

货物或应税劳务名称	规格型号	单位	数量	单价	金额	税率	税额
餐饮、娱乐等				7 079.65	7 079.65	13%	920.35
合计					￥7 079.65		￥920.35

价税合计（大写）	⊗捌仟元整	（小写）￥8 000.00

销售方	名　　　称：北京娱乐有限责任公司 纳税人识别号：370102800342563 地址、电话：北京市朝阳区霄云路 35 号 86324567 开户行及账号：农行霄云路支行 232901040000569	备注	北京娱乐有限责任公司 370102800342563 发票专用章

收款人：　　　　　　复核：　　　　　开票人：　　　　　　　　销货单位：（章）

第二联　发票联　购货方记账凭证

中国工商银行 转账支票存根 支票号：ⅩⅢ415137 科目（借） 对方科目（贷） 签发日期　年　月　日 收款人： 金额： 用途： 备注： 单位主管　　会计	付款期限出票之日起十天	中国工商银行转账支票　　（ⅩⅢ415137） 出票日期（大写）　年　月　日　付款行名称：北京朝阳路支行 收款人：　　　　　　　　　出票人账号：81651058596958001 人民币 （大写） 用途 上列款项请从　　　　　科目（借） 我账户内支付　　　　　对方科目（贷） 出票人签章　　　　转账日期　年　月　日 　　　　　　　　　复核　　　记账

人民币金额栏：亿 千 百 十 万 千 百 十 元 角 分

（2）11 日，开出转账支票（票号：ⅩⅢ415138）支付财产保险费 1 130 元，收到太平洋保险公司开具的发票一张。根据业务描述以及相关单据填写转账支票。

北京市增值税专用发票

开票日期：2019 年 12 月 11 日　　　　　　　No.130063250

购买方	名　　　称：北京市大华电器公司 纳税人识别号：110199061405146 地址、电话：北京市朝阳路 968 号 87674588 开户行及账号：工行朝阳路支行 　　　　　　81651058596958001	密码区	45687478/＞＋＜1248＜-＜ 加密版本：01 * ＋--457-＜/148＜-22-45 8641516972 * -4-78＞ 879458136845＜7＋0 14785419/92/279＞＞- ＞98＞＞＜1 478131

货物或应税劳务名称	规格型号	单位	数量	单价	金额	税率	税额
财产保险费				1 000.00	1 000.00	13%	130
合计					￥1 000.00		￥130

价税合计（大写）　⊗壹仟壹佰叁拾元整　　　　（小写）￥1 130.00

销售方	名　　　称：中国太平洋保险公司 纳税人识别号：370102800342633 地址 、电话：北京市朝阳区百子湾路 18 号 　　　　　　63283604 开户行及账号：工行朝阳区百子湾路支行 　　　　　　112901040000550	备注	中国太平洋保险公司 370102800342633 发票专用章

收款人：　　　　　复核：　　　　　　开票人：　　　　　　销货单位：（章）

第二联　发票联　购货方记账凭证

中国工商银行
转账支票存根

支票号：ⅩⅡ415138
科目（借）
对方科目（贷）
签发日期　年　月　日

收款人：
金额：
用途：
备注：

单位主管　　　会计

付款期限出票之日起十天

中国工商银行转账支票　（ⅩⅡ415138）

出票日期（大写）　年　月　日　付款行名称：北京朝阳路支行

收款人：　　　　　　　　出票人账号：81651058596958001

人民币 （大写）	亿	千	百	十	万	千	百	十	元	角	分

用途_____

上列款项请从　　　　　　科目（借）_____
我账户内支付　　　　　　对方科目（贷）_____

出票人签章　　　　　　转账日期　　年　月　日

　　　　　　　　　　　复核　　　记账

　　（3）13 日，从北京永安机电公司（纳税人识别号：420563426735617，地址：北京市中山路 203 号，电话：83286251，开户银行：建行中山支行，账号：42045276341）购入不需要安装的包装机一台，增值税专用发票价格为 5 000 元，增值税税额为 650 元，开出一张工行转账支票（票号：ⅩⅡ415139）支付购货款，由基本生产部门使用。根据业务描述以及相关单据填写转账支票。

北京市增值税专用发票

开票日期：2018年12月13日　　　　　No. 104838848

购买方	名　　称：北京市大华电器公司 纳税人识别号：110199061405146 地址、电话：北京市朝阳路 968 号 87674588 开户行及账号：工行朝阳路分行 　　　　　　　81651058596958001	密码区	245687478/>+<1248<-<　加密版本：01 *+--457-</148<-22-45　8641516972 *-4- 78>879458136845<7+0　14785419/92/27 9>>->98>><1　478131

货物或应税劳务名称	规格型号	单位	数量	单价	金额	税率	税额
包装机					5 000.00	13%	650.00
合计					¥5 000.00	13%	¥650.00

价税合计（大写）	⊗伍仟陆佰伍拾元整		（小写）¥5 650.00

销售方	名　　称：北京永安机电公司 纳税人识别号：420563426735617 地址、电话：北京市中山路 203 号 83286251 开户行及账号：建行中山支行 　　　　　　　42045276341	备注	北京永安机电公司 420563426735617 发票专用章

收款人：　　　　复核：　　　　　开票人：刘飞　　　　　销货单位：（章）

第二联　发票联　购货方记账凭证

中国工商银行
转账支票存根

支票号：ⅩⅢ415139
科目（借）
对方科目（贷）
签发日期　　年　月　日

收款人：
金额：
用途：
备注：

单位主管　　　会计

付款期限出票之日起十天

中国工商银行转账支票　（ⅩⅢ415139）

出票日期（大写）　年　月　日　付款行名称：北京朝阳路支行
收款人：　　　　　　　　　　　出票人账号：81651058596958001

人民币 （大写）	亿	千	百	十	万	千	百	十	元	角	分

用途＿＿＿＿＿＿
上列款项请从　　　　　　科目（借）＿＿＿＿
我账户内支付　　　　　　对方科目（贷）＿＿＿＿
出票人签章　　　　　转账日期　　年　月　日
　　　　　　　　　　复核　　　记账

（4）15 日，从北京市中环公司购入材料 1 000 件（明细内容见增值税专用发票），计划单价为 140 元（不含税），价款共计 140 000 元，增值税税额为 18 200 元，开出一张工行转账支票（票号：ⅩⅢ415140）支付全额货款，材料已验收入库。收到供应商开出的增值税专用发票一张。根据业务描述以及相关单据填写转账支票和验收材料入库后的收料单。

北京市增值税专用发票

开票日期：2019 年 12 月 15 日　　　　No.001785962

| 购买方 | 名　　称：北京市大华电器公司
纳税人识别号：110199061405146
地址、电话：北京市朝阳路 968 号 87674588
开户行及账号：工行朝阳路分行
81651058596958001 | 密码区 | 245687478/>+<1248<-<　加密版本：01
*+--457-</148<-22-45　8641516972 *-4-
78>879458136845<7+0　14785419/92/27
9>>->98>><1　478131 |

货物或应税劳务名称	规格型号	单位	数量	单价	金额	税率	税额
材料		件	1 000	140	140 000.00	13%	18 200.00
合计					￥140 000.00	13%	￥18 200.00

价税合计（大写）　⊗壹拾伍万捌仟贰佰元整　　　（小写）￥158 200.00

| 销售方 | 名　　称：北京市中环公司
纳税人识别号：110199514166154
地址、电话：北京市长安里 888 号 68321043
开户行及账号：工行长安里支行
81451058675081000 | 备注 | 北京市中环公司
110199514166154
发票专用章 |

收款人：　　　复核：　　　开票人：周云丽　　　销货单位：（章）

中国工商银行
转账支票存根

支票号：ⅩⅡ415140
科目（借）
对方科目（贷）
签发日期　年 月 日
收款人：
金额：
用途：
备注：
单位主管　会计

付款期限出票之日起十天

中国工商银行转账支票　（ⅩⅡ415140）

出票日期（大写）　年 月 日　付款行名称：北京朝阳路支行
收款人：　　　出票人账号：81651058596958001

人民币（大写）　　亿千百十万千百十元角分

用途
上列款项请从　　科目（借）
我账户内支付　　对方科目（贷）
出票人签章　　转账日期　年 月 日
　　　　　复核　　记账

收料单

收料部门：　　　年 月 日　　　字第 号

种类	编号	名称	规格	数量	单位	单价	成本总额 千百十万千百十元角分
备注							

负责人：　　记账：　　验收：　　填单：

（5）16日，开出一张转账支票（票号：ⅩⅡ415141）支付税务师事务所咨询费 25 000 元。根据业务描述填写转账支票。

中国工商银行 转账支票存根	中国工商银行转账支票　（ⅩⅡ415141）
支票号：ⅩⅡ415141 科目（借） 对方科目（贷） 签发日期　年　月　日 收款人： 金额： 用途： 备注 单位主管　　会计	付款期限出票之日起十天 出票日期（大写）　年　月　日　付款行名称：北京朝阳路支行 收款人：　　　　　　　　　　出票人账号：81651058596958001 人民币（大写）　　　　　　　亿 千 百 十 万 千 百 十 元 角 分 用途 上列款项请从　　　　　　科目（借） 我账户内支付　　　　　　对方科目（贷） 出票人签章　　　　　转账日期　　　年　月　日 　　　　　　　　　　　　复核　　　记账

（6）26日，从杭州电子实业有限公司采购电热元件 680 件，不含税的计划单价为 500 元，总计 340 000 元，增值税税额 44 200 元，材料已验收入库，现签发一张转账支票（票号：ⅩⅡ415146）付款。根据业务描述填写转账支票和材料验收入库后的收料单。

中国工商银行 转账支票存根	中国工商银行转账支票　（ⅩⅡ415146）
支票号：ⅩⅡ415146 科目（借） 对方科目（贷） 签发日期　年　月　日 收款人： 金额： 用途： 备注 单位主管　　会计	付款期限出票之日起十天 出票日期（大写）　年　月　日　付款行名称：北京朝阳路支行 收款人：　　　　　　　　　　出票人账号：81651058596958001 人民币（大写）　　　　　　　亿 千 百 十 万 千 百 十 元 角 分 用途 上列款项请从　　　　　　科目（借） 我账户内支付　　　　　　对方科目（贷） 出票人签章　　　　　转账日期　　　年　月　日 　　　　　　　　　　　　复核　　　记账

收料单

收料部门：　　　　　　　　　　年　月　日　　　　　　　　　字第　号

种类	编号	名称	规格	数量	单位	单价	成本总额									
							千	百	十	万	千	百	十	元	角	分
备注																

负责人：　　　　　记账：　　　　　验收：　　　　　填单：

第三联　财务记账

（7）28 日，开出一张转账支票（票号：XⅢ 415147）支付北京电视台广告费 3 600 元。根据业务描述填写转账支票。

中国工商银行 转账支票存根	中国工商银行转账支票　　（XⅢ 415147）
支票号：XⅢ 415147 科目（借） 对方科目（贷） 签发日期　　年　月　日 收款人： 金额： 用途： 备注 单位主管　　会计	出票日期（大写）　年　月　日　付款行名称：北京朝阳路支行 收款人：　　　　　　　　出票人账号：81651058596958001 人民币（大写）　　　　　亿 千 百 十 万 千 百 十 元 角 分 用途 上列款项请从　　　　科目（借）_____ 我账户内支付　　　　对方科目（贷）_____ 出票人签章　　　　转账日期　　年　月　日 付款期限出票之日起十天　　　　　复核　　记账

（8）29 日，开出一张转账支票（票号：XⅢ 415148）支付北京海天电器贸易公司违约金 5 000 元。根据业务描述填写转账支票。

中国工商银行 转账支票存根	中国工商银行转账支票　　（XⅢ 415148）
支票号：XⅢ 415148 科目（借） 对方科目（贷） 签发日期　　年　月　日 收款人： 金额： 用途： 备注 单位主管　　会计	出票日期（大写）　年　月　日　付款行名称：北京朝阳路支行 收款人：　　　　　　　　出票人账号：81651058596958001 人民币（大写）　　　　　亿 千 百 十 万 千 百 十 元 角 分 用途 上列款项请从　　　　科目（借）_____ 我账户内支付　　　　对方科目（贷）_____ 出票人签章　　　　转账日期　　年　月　日 付款期限出票之日起十天　　　　　复核　　记账

（五）领料单的填制

1. 实例资料

5 日，基本生产车间领用下列材料：Y 型电动机 2 000 台，单位成本 200 元；电热元件 2 000 件，单位成本 100 元；Z 型电动机 2 000 台，单位成本 450 元；离心式风机 2 000 台，单位成本 250 元。填写的领料单如下所示。

领料单

发货仓库：仓库　　　　　　　　　　　　　　　　　　　　　　　　　　第 1 号
领料部门：基本生产车间　　　　　　　　　　　　　　　　　　　　　2019 年 12 月 5 日

类别	编号	名称型号	单位	应发数量	实发数量	单位成本	金额
材料	C01	Z 型电动机	台	2 000	2 000	450	900 000
材料	C02	离心式风机	台	2 000	2 000	250	500 000
材料	C03	Y 型电动机	台	2 000	2 000	200	400 000
材料	C04	电热元件	台	2 000	2 000	100	200 000
		合计					2 000 000

负责人：李勇　　　　　经发：徐克　　　　　保管：黄改云　　　　　填单：刘胜

第三联　财务记账

2. 实训要求

领料单是由领用材料的部门或者人员（简称领料人）根据所需领用材料的数量填写的单据。其内容有领用日期、材料名称、单位、数量、金额等。为明确材料领用的责任，领料单中除要有领用人的签名外，还需要主管人员及保管人的签名等。领料单一般是一式三联，经审核签章后，第一联送交仓库据以发料，登记材料明细账；第二联送交领料单位据以领料；第三联送交财务记账。

根据业务描述提供的信息填写领料单时，应注意以下几点：

（1）领料发生时间。

（2）领取材料的明细包括类别、编号、名称型号、单位、应发数量、实发数量、单位成本及金额。领料单金额数字的填制与收料单不同，领料单中，无论是单项成本金额还是成本总额，其数字前都可不写人民币符号"¥"封顶。

（3）领取材料的明细资料填制完成，只有经发人、保管人、填单人及负责人签章后，才可据以领取所需材料。

3. 实训任务

根据下列业务资料完成任务：

（1）5 日，辅助车间领用下列材料：Y 型电动机 200 台，单位成本 200 元；电热元件 600 件，单位成本 100 元；Z 型电动机 300 台，单位成本 450 元；离心式风机 700 台，单位成本 250 元。根据业务描述填写领料单。

领料单

发货仓库：　　　　　　　　　　　　　　　　　　　　　　　　　　　第　号
领料部门：　　　　　　　　　　　　　　　　　　　　　　　　　　　年　月　日

类别	编号	名称型号	单位	应发数量	实发数量	单位成本	金额
		合计					

负责人：　　　　　　　经发：　　　　　　　保管：　　　　　　　填单：

第三联　财务记账

（2）12 日，基本生产车间领用螺丝辅助材料，为生产飞虎牌电吹风机领用 8 000 个，为生产洁静牌吸尘器领用 9 000 个，单位成本 15 元。根据业务描述填写领料单。

领料单

发货仓库：　　　　　　　　　　　　　　　　　　　　　　　第　号
领料部门：　　　　　　　　　　　　　　　　　　　　　　　年　月　日

类别	编号	名称型号	单位	应发数量	实发数量	单位成本	金额
		合计					

第三联　财务记账

负责人：　　　　　经发：　　　　　保管：　　　　　填单：

（3）13 日，基本生产车间为生产飞虎牌电吹风机领用包装纸箱 300 个，为生产洁静牌吸尘器领用包装纸箱 200 个，单位成本 5 元。根据业务描述填写领料单。

领料单

发货仓库：　　　　　　　　　　　　　　　　　　　　　　　第　号
领料部门：　　　　　　　　　　　　　　　　　　　　　　　年　月　日

类别	编号	名称型号	单位	应发数量	实发数量	单位成本	金额
		合计					

第三联　财务记账

负责人：　　　　　经发：　　　　　保管：　　　　　填单：

（4）20 日，基本生产车间领用如下材料：Y 型电动机 1 000 台，单位成本 200 元；电热元件 1 000 件，单位成本 100 元；Z 型电动机 1 200 台，单位成本 450 元；离心式风机 1 500 台，单位成本 250 元。根据业务描述填写领料单。

领料单

发货仓库：　　　　　　　　　　　　　　　　　　　　　　　　　　　　第　号
领料部门：　　　　　　　　　　　　　　　　　　　　　　　　　　　　年　月　日

类别	编号	名称型号	单位	应发数量	实发数量	单位成本	金额
	合计						

负责人：　　　　　经发：　　　　　　保管：　　　　　　填单：

第三联　财务记账

（5）21 日，辅助生产车间增加领用如下材料：Y 型电动机 500 台，单位成本 200 元；电热元件 600 件，单位成本 100 元；Z 型电动机 400 台，单位成本 450 元；离心式风机 600 台，单位成本 250 元。根据业务描述填写领料单。

领料单

发货仓库：　　　　　　　　　　　　　　　　　　　　　　　　　　　　第　号
领料部门：　　　　　　　　　　　　　　　　　　　　　　　　　　　　年　月　日

类别	编号	名称型号	单位	应发数量	实发数量	单位成本	金额
	合计						

负责人：　　　　　经发：　　　　　　保管：　　　　　　填单：

第三联　财务记账

（6）22 日，基本生产车间为生产飞虎牌电吹风机领用包装纸箱 500 个，为生产洁静牌吸尘器领用包装纸箱 500 个，单位成本 5 元。根据业务描述填写领料单。

领料单

发货仓库：　　　　　　　　　　　　　　　　　　　　　　　　　　　　第　号
领料部门：　　　　　　　　　　　　　　　　　　　　　　　　　　　　年　月　日

类别	编号	名称型号	单位	应发数量	实发数量	单位成本	金额
	合计						

负责人：　　　　　经发：　　　　　　保管：　　　　　　填单：

第三联　财务记账

（7）23 日，基本生产车领用如下材料：电热元件 800 件，单位成本 100 元；离心式风机 500 台，单位成本 250 元。根据业务描述填写领料单。

领料单

发货仓库：　　　　　　　　　　　　　　　　　　　　　　　　第　号
领料部门：　　　　　　　　　　　　　　　　　　　　　　年　月　日

类别	编号	名称型号	单位	应发数量	实发数量	单位成本	金额
		合计					

第三联　财务记账

负责人：　　　　　经发：　　　　　保管：　　　　　填单：

（8）25 日，基本生产车间领用如下材料：Y 型电动机 1 000 台，单位成本 200 元；电热元件 800 件，单位成本 100 元。根据业务描述填写领料单。

领料单

发货仓库：　　　　　　　　　　　　　　　　　　　　　　　　第　号
领料部门：　　　　　　　　　　　　　　　　　　　　　　年　月　日

类别	编号	名称型号	单位	应发数量	实发数量	单位成本	金额
		合计					

第三联　财务记账

负责人：　　　　　经发：　　　　　保管：　　　　　填单：

（六）银行进账单的填制

1. 实例资料

5 日，收到北京市中环公司（开户银行：工商银行长安里支行，账号：81451058675081000）签发的转账支票一张（票号：NI58964），金额为 50 000 元，偿还前欠货款，当日存入银行账户。填写的银行进账单如下所示。

中国工商银行进账单（回单）

2019 年 12 月 5 日

付款人	全称	北京市中环公司		收款人	全称	北京市大华电器公司
	账号	81451058675081000			账号	81651058596958001
	开户银行	工行长安里支行			开户银行	工行朝阳路支行

人民币（大写）	伍万元整	千	百	十	万	千	百	十	元	角	分
				￥	5	0	0	0	0	0	0

票据种类	转账支票	票据张数	1
票据号码	NI58964		

中国工商银行朝阳路支行
2019年12月5日
转讫

单位主管	会计	复核	记账	开户银行盖章

此联是出票人开户银行交给出票人的回单

2. 实训要求

银行进账单是持票人或收款人将票据款项存入收款人银行账户的凭证，也是银行将票据款项记入收款人账户的凭证。银行进账单一般是一式三联，第一联加盖银行公章，收款人作为银行受理回单；第二联由银行留存，作为贷方收入凭证；第三联加盖转讫章印，作为收款通知交收款人。银行进账单的持票人填写银行进账单时，必须清楚地填写票据种类、票据张数、收款人全称、收款人开户银行及账号、付款人全称、付款人开户银行及账号、票据金额等栏目，并连同相关票据一并交给银行经办人员。

根据业务描述及相关外来票据提供的信息填写银行进账单时，应注意以下几点：

（1）款项进账发生的时间。

（2）收款人及付款人的全称、开户银行、账户必须详细且无误。

（3）款项金额的大写与小写必须相符，大写金额数字必须靠左顶格写，小写金额数字前必须加人民币符号"￥"封顶。

（4）必须正确填写收到票据的种类、张数及号码。

（5）填写完后由银行审核并完成款项进账，在第一联加盖银行公章和第三联加盖转讫章。

3. 实训任务

根据下列业务资料完成任务：

（1）12 日，收到江苏泰和公司（开户银行：工行青年路支行，账号：32056237123，纳税人识别号：32017979686475，地址：南京市青年路 320 号）签发的金额为 702 000 元的转账支票（票号：NI58964）一张。根据业务描述填写银行进账单。

中国工商银行进账单（回单）

付款人	全称		收款人	全称											
	账号			账号											
	开户银行			开户银行											
人民币（大写）					千	百	十	万	千	百	十	元	角	分	
票据种类		票据张数													
票据号码															
单位主管　　会计　　复核　　记账				开户银行签章											

此联是出票人开户银行交给出票人的回单

（2）10 日，向长沙宏巨有限公司（开户银行：工行中环路支行，账号：4208176159003，纳税人识别号：43018389168780）销售飞虎牌电风扇 1 000 台，型号 F0012，货款 175 500元。15 日，收到转账支票（票号：CM18760）一张。根据业务描述填写银行进账单。

中国工商银行进账单（回单）

付款人	全称		收款人	全称											
	账号			账号											
	开户银行			开户银行											
人民币（大写）					千	百	十	万	千	百	十	元	角	分	
票据种类		票据张数													
票据号码															
单位主管　　会计　　复核　　记账				开户银行签章											

此联是出票人开户银行交给出票人的回单

（3）25 日，收到转账支票（票号：CM145760）一张，业务内容为：向北京奇美电子有限公司（开户银行：工行北城支行，账号：42455761590473，纳税人识别号：432424578168780）销售飞虎牌电风扇 2 000 台，型号 F0022，不含税单价为 500 元，总计 1 000 000元，增值税税额为 130 000 元。根据业务描述填写银行进账单。

中国工商银行进账单（回单）

付款人	全称		收款人	全称											
	账号			账号											
	开户银行			开户银行											
人民币 （大写）						千	百	十	万	千	百	十	元	角	分
票据种类		票据张数													
票据号码															
单位主管　　会计　　复核　　记账				开户银行签章											

此联是出票人开户银行交给出票人的回单

（4）26 日，收到转账支票（票号：SM145760）一张，业务内容为：向深圳机电有限公司（开户银行：工行东城支行，账号：429086380890473，纳税人识别号：42400578168780）销售飞虎牌电风扇 500 台，型号 F0021，不含税单价为 500 元，总计 250 000 元，增值税税额为 32 500 元。根据业务描述填写银行进账单。

中国工商银行进账单（回单）
年　月　日

付款人	全称		收款人	全称											
	账号			账号											
	开户银行			开户银行											
人民币 （大写）						千	百	十	万	千	百	十	元	角	分
票据种类		票据张数													
票据号码															
单位主管　　会计　　复核　　记账				开户银行签章											

此联是出票人开户银行交给出票人的回单

（5）27 日，收到转账支票（票号：SM14230）一张，业务内容为：向北京贸易有限公司（开户银行：工行东城支行，账号：329808408690473，纳税人识别号：40057842168780）销售飞虎牌电风扇 350 台，型号 F0021，不含税单价为 500 元。根据业务描述填写银行进账单。

中国工商银行进账单（回单）

年 月 日

<table>
<tr><td rowspan="3">付款人</td><td>全称</td><td></td><td rowspan="3">收款人</td><td>全称</td><td colspan="11"></td><td rowspan="10">此联是出票人开户银行交给出票人的回单</td></tr>
<tr><td>账号</td><td></td><td>账号</td><td colspan="11"></td></tr>
<tr><td>开户银行</td><td></td><td>开户银行</td><td colspan="11"></td></tr>
<tr><td colspan="2" rowspan="2">人民币
（大写）</td><td rowspan="2"></td><td rowspan="2"></td><td rowspan="2"></td><td>千</td><td>百</td><td>十</td><td>万</td><td>千</td><td>百</td><td>十</td><td>元</td><td>角</td><td>分</td></tr>
<tr><td></td><td></td><td></td><td></td><td></td><td></td><td></td><td></td><td></td><td></td></tr>
<tr><td colspan="2">票据种类</td><td></td><td>票据张数</td><td></td><td colspan="11"></td></tr>
<tr><td colspan="2">票据号码</td><td colspan="3"></td><td colspan="11"></td></tr>
<tr><td colspan="5"></td><td colspan="11"></td></tr>
<tr><td colspan="5">单位主管　会计　复核　记账</td><td colspan="11">开户银行签章</td></tr>
</table>

（七）增值税专用发票及出库单的填制

1. 实例资料

10 日，向武汉海宏有限责任公司（纳税人识别号：42015763245136，地址：武汉市中华路 302 号，电话：87674567，开户行：工行中华路支行，账号：42064569612）销售飞虎牌电吹风机 1 100 台，型号为 F0012，单价 500 元（不含税），产品计划单位成本 320 元。货已发出，发票开出，货款未收到。填写的增值税专用发票及出库单如下所示。

北京市增值税专用发票

开票日期：2019 年 12 月 10 日　　　　　No.001785961

<table>
<tr><td rowspan="4">购买方</td><td>名　　　称：武汉海宏有限责任公司</td><td rowspan="4">密码区</td><td>4586874178/》＋《1248　加密版本：01 ＊</td><td rowspan="8">第一联　记账联　销货方记账凭证</td></tr>
<tr><td>纳税人识别号：42015763245136</td><td>＋--457-《/148《-22-454589216972 ＊-3-65》</td></tr>
<tr><td>地址、电话：武汉市中华路 302 号 87674567</td><td>87945813688 《 7 ＋ 0124554128/56/145 》-》</td></tr>
<tr><td>开户行及账号：工行中华路支行
42064569612</td><td>98》《1 　478131</td></tr>
<tr><td>货物或应税劳务名称</td><td>规格型号</td><td>单位</td><td>数量</td><td>单价</td><td>金额</td><td>税率</td><td>税额</td></tr>
</table>

<table>
<tr><td>货物或应税劳务名称</td><td>规格型号</td><td>单位</td><td>数量</td><td>单价</td><td>金额</td><td>税率</td><td>税额</td></tr>
<tr><td>飞虎牌电吹风机</td><td>F0012</td><td>台</td><td>1 100</td><td>500.0</td><td>550 000.00</td><td>13%</td><td>71 500.00</td></tr>
<tr><td>合计</td><td></td><td></td><td></td><td></td><td>￥550 000.00</td><td></td><td>￥71 500.00</td></tr>
</table>

价税合计（大写）	⊗陆拾贰万壹仟伍佰元整	（小写）￥621 500.00

<table>
<tr><td rowspan="4">销售方</td><td>名　　　称：北京市大华电器公司</td><td rowspan="4">备注</td><td rowspan="4">北京市大华电器公司
110199061405146
发票专用章</td></tr>
<tr><td>纳税人识别号：110199061405146</td></tr>
<tr><td>地址、电话：北京市朝阳路 986 号 87674588</td></tr>
<tr><td>开户行及账号：工行朝阳路支行
81651058596958001</td></tr>
</table>

收款人：　　　　复核：　　　　　　开票人：王涛　　　　　销货单位：（章）

出库单

发货仓库：仓库 第 1 号
领料部门：销售科 2019 年 12 月 10 日

类别	编号	名称型号	单位	应发数量	实发数量	单位成本	金额
产品	F0012	飞虎牌电吹风机 F0012	台	1 100	1 100	320	352 000
	合计			1 100	1 100	320	352 000

第三联 财务记账

负责人： 经发：徐克 保管：李勇 填单：张宇

2. 实训要求

本次填制增值税专用发票与出库单的实训，企业采用的是交款提货结算方式，开具增值税专用发票的日期为收到货款的当天，产品出库单与增值税专用发票同时开出。

出库单是商家之间互相调货的凭证，是购货方提货的凭证，同时是销售方的收款依据。出库单是产品出库前填制的，一般一式三联，第一联为存根，留存备查；第二联由销售员交仓库管理员办理出库手续并登账；第三联连同发货凭证交由出纳登账并收款。

增值税专用发票是一般纳税人于销售商品或提供应税劳务时开具的销货发票。一般一式四联：第一联为记账联，销货单位将其作为填制记账凭证的依据；第二联为发票联，销货单位填制后将其交给购货单位作为报销凭证，购货单位将其作为填制记账凭证的依据；第三联为抵扣联，销货单位填制后给购货单位作为抵扣税金的凭证，不作为购货单位的记账依据；第四联为存根，在发货票本上留存备查。

根据业务描述或者已收到的收款票据提供的信息填写增值税专用发票和出库单时，应注意以下几点：

（1）增值税专用发票：

1）经济业务发生日期（小写数字日期）。

2）购货方、销货方双方的全称、纳税人识别号、地址及电话、开户行及账号，必须无误且不得涂改。填写货物或应税劳务名称、规格型号、单位、数量、单价、金额、税率、税额，其中单价、金额、税额前不需要加人民币符号"￥"，但要保留 2 位小数。

3）价税合计金额中文大写与阿拉伯数字小写必须都要填写且两者相符，大写数字金额的价税合计要靠左顶格书写，小写数字金额的价税合计要加人民币符号"￥"封顶，且保留 2 位小数。

4）填制完成后，发票联和抵扣联加盖销售单位发票专用章或财务专用章。

（2）出库单：

1）产品出库日期。

2）产品明细：产品类别、编号、名称型号、单位、应发数量及实发数量是必须填写的，而单位成本与金额是否填写要看企业采用的是否为固定成本，这里我们不采用固定成本结算，到月末一次性结转并计算单件成本。

3）填完以上内容后，由经办人、负责人、仓管员、填单人签章。

3. 实训任务

根据下列业务资料完成任务：

（1）13日，向青岛柏奇公司（开户行：建行江大支行，账号：3205637123，纳税人识别号：320990190801080，地址：武汉市江大路2号，电话84667188）赊销飞虎牌电吹风机200台，型号F0022，单价500元（不含税），共计货款100 000元，增值税13 000元，产品计划单位成本为280元，商品已发出并开具增值税专用发票。根据业务描述填写增值税专用发票及出库单。

北京市增值税专用发票

开票日期：　年　月　日　　　　　　No.001785962

购买方	名　　　　称：				密码区	458687478/〉＋〈1248〈一〈　加密版本：01			第一联
	纳税人识别号：					＊＋一一457一〈/148一22一45　4589216972			记账联
	地　址、电话：					＊一3一65〉879458136845〈7＋0　12455412			
	开户行及账号：					8/56/145〉〉一〉98〉〉〈1　478131			销货方记账凭证

货物或应税劳务名称	规格型号	单位	数量	单价	金额	税率	税额
合计							

价税合计（大写）	（小写）

销售方	名　　　　称：		备注
	纳税人识别号：		
	地　址、电话：		
	开户行及账号：		

收款人：　　　　　　复核：　　　　　　开票人：　　　　　　销货单位：（章）

出库单

发货仓库：　　　　　　　　　　　　　　　　　　　　　第　号
提货单位：　　　　　　　　　　　　　　　　　　　　　年　月　日

类别	编号	名称型号	单位	应发数量	实发数量	单位成本	金额	第三联
								财务记账
		合计						

负责人：　　　　　经发：　　　　　保管：　　　　　填单：

（2）13日，向长沙宏巨有限公司（开户银行：工行中环路支行，账号：4208176159003，纳税人识别号：43018389168780，地址：长沙市新民路52号，电话：63920532）销售飞虎牌电风扇 1 000 台，型号 F0014，单价 150 元（不含税），货款 150 000 元，增值税 19 500 元，产品计划成本为 80 元。货已发出，货款尚未收到。根据业务描述填写增值税专用发票及出库单。

北京市增值税专用发票

开票日期：　年　月　日　　　　　　No. 001785963

购买方	名　　称： 纳税人识别号： 地 址 、电 话： 开户行及账号：				密码区	458687478/〉＋〈1248〈一〈　加密版本：01 ＊＋一一457一〈/148—22—45　4589216972 ＊一3—65〉879458136845〈7＋0　12455412 8/56/145〉一〉98〉〉〈1　478131		
货物或应税劳务名称	规格型号	单位	数量	单价	金额		税率	税额
合计								
价税合计（大写）				（小写）				
销售方	名　　称： 纳税人识别号： 地 址 、电 话： 开户行及账号：				备注			

收款人：　　　　　复核：　　　　　　　开票人：　　　　　销货单位：（章）

第一联　记账联　销货方记账凭证

出库单

发货仓库：　　　　　　　　　　　　　　　　第　号

提货单位：　　　　　　　　　　　　　　　年　月　日

类别	编号	名称型号	单位	应发数量	实发数量	单位成本	金额
合计							

负责人：　　　　　经发：　　　　　　　保管：　　　　　填单：

第三联　财务记账

（3）16 日，向江苏泰和公司（开户银行：工行青年路支行，账号 32056237123，纳税人识别号：32017979686475，地址：南京市青年路 320 号，电话：62718190）销售飞虎牌电吹风机 1 200 台，型号 F0051，单价 280 元（不含税），产品计划成本为 120 元。货已发出，货款尚未收到。根据业务描述填写增值税专用发票及出库单。

北京市增值税专用发票

开票日期：　年　月　日　　　　　　　No.001785964

购买方	名　　　　称：		密码区	458687478/〉＋〈1248〈一〈　加密版本：01
	纳税人识别号：			＊＋一一457一〈/148－22－45　4589216972
	地址、电话：			＊一3－65〉879458136845〈7＋0　12455412
	开户行及账号：			8/56/145〉〉一〉98〉〉〈1　478131

货物或应税劳务名称	规格型号	单位	数量	单价	金额	税率	税额
合计							

价税合计（大写）		（小写）	

销售方	名　　　　称：		备注	
	纳税人识别号：			
	地址、电话：			
	开户行及账号：			

收款人：　　　　复核：　　　　　　开票人：　　　　　　销货单位：（章）

第一联　记账联　销货方记账凭证

出库单

发货仓库：　　　　　　　　　　　　　　　　　　第　号

提货单位：　　　　　　　　　　　　　　　　　　年　月　日

类别	编号	名称型号	单位	应发数量	实发数量	单位成本	金额
	合计						

第三联　财务记账

负责人：　　　　经发：　　　　　　保管：　　　　　　填单：

　　（4）19日，向河北东方有限责任公司（开户行：建行青河支行，账号：46015945132，纳税人识别号：320105783624167，地址：石家庄清河路22号，电话：63258466）销售飞虎牌电吹风机400台，型号F0022，单价500元（不含税），计划单位成本320元。收到银行电汇收账通知，货款已收到。根据业务描述填写增值税专用发票及出库单。

中国工商银行电汇凭证（收账通知 或取款收据） 第 号

委托日期 2019 年 12 月 19 日　　　　　应解汇款编号

汇款人	全　称	河北东方有限责任公司	收款人	全　称	北京市大华电器公司
	账　号	46015945132		账　号	81651058596958001
	汇出地点	河北 省 石家庄 市/县		汇入地点	省 北京 市/县
	汇出行名称	建行青河支行		汇入行名称	工行朝阳路支行

金额	人民币（大写）贰拾贰万陆仟元整	亿 千 百 十 万 千 百 十 元 角 分
		￥ 2 2 6 0 0 0 0 0

汇款用途：支付货款　如需加急，请在括号内注明（　）

支付密码

（建设银行青河支行 业务专用章）

附加信息及用途：

汇出行签章　　　　　复核：　　　记账：

此联给收款人作收账通知或取款收据

北京市增值税专用发票

开票日期：　　年　月　日　　　　　No.001785965

购买方	名　称： 纳税人识别号： 地址、电话： 开户行及账号：		密码区	458687478/〉＋〈1248〈一〈　加密版本：01 ＊＋一一457一〈/148一22一45　4589216972 ＊一3一65〉879458136845〈7＋0　12455412 8/56/145〉〉一〉98〉〉〈1　478131	
货物或应税劳务名称	规格型号	单位	数量	单价	金额	税率	税额

货物或应税劳务名称	规格型号	单位	数量	单价	金额	税率	税额
合计							
价税合计（大写）				（小写）			

销售方	名　称： 纳税人识别号： 地址、电话： 开户行及账号：	备注

收款人：　　　　复核：　　　　开票人：　　　　销货单位：（章）

第一联 记账联 销货方记账凭证

出库单

发货仓库：　　　　　　　　　　　　　　　　　　　　　　　　　　第　号
提货单位：　　　　　　　　　　　　　　　　　　　　　　　　年　月　日

类别	编号	名称型号	单位	应发数量	实发数量	单位成本	金额
	合计						

负责人：　　　　　　经发：　　　　　　保管：　　　　　　填单：

第三联　财务记账

（5）20 日，向北京宏发有限责任公司（开户银行：建行东城支行，账号：32056237123，纳税人识别号：320105783624167，地址：北京市安静路 302 号，电话：88762310）销售洁静牌吸尘器 2 000 台，型号 X0011，单价 1 000 元（不含税），计划成本 823 元，货款共计 2 000 000 元，增值税 260 000 元，收到一张对方开具的转账支票（票号：NI57823）。根据业务描述填写增值税专用发票、出库单及银行进账单。

北京市增值税专用发票

开票日期：　年　月　日　　　　　　　　　　　No.001785966

密码区	458687478/〉＋〈1248〈一〈　加密版本：01 ＊＋一一457一〈/148—22—45　4589216972 ＊—3—65〉879458136845〈7＋0　12455412 8/56/145〉〉一〉98〉〉〈1　478131

购买方
名　　　称：
纳税人识别号：
地　址、电话：
开户行及账号：

货物或应税劳务名称	规格型号	单位	数量	单价	金额	税率	税额
合计							

价税合计（大写）	（小写）

销售方
名　　　称：
纳税人识别号：
地　址、电话：
开户行及账号：

备注

收款人：　　　　　复核：　　　　　开票人：　　　　　销货单位：（章）

第一联　记账联　销货方记账凭证

出库单

发货仓库：　　　　　　　　　　　　　　　　　　　　　　　　　　第　号
提货单位：　　　　　　　　　　　　　　　　　　　　　　　　　年　月　日

类别	编号	名称型号	单位	应发数量	实发数量	单位成本	金额
		合计					

负责人：　　　　　经发：　　　　　　保管：　　　　　　填单：

第三联　财务记账

中国工商银行进账单（回单）

年　月　日

付款人	全称		收款人	全称	
	账号			账号	
	开户银行			开户银行	

人民币（大写）　　　　　　　　　　　　　千 百 十 万 千 百 十 元 角 分

票据种类		票据张数	
票据号码			

单位主管　　会计　　复核　　记账　　　　　　　开户银行签章

此联是出票人开户银行交给出票人的回单

（八）银行汇票申请书的填制

1. 实例资料

3 日，申办银行汇票 600 000 元用于向江苏昆山公司购货（开户行：工行江苏分行中山路支行，账号：451058675081002），支付手续费 21 元。填写的银行汇票申请书和收到的手续费收费凭证如下所示。

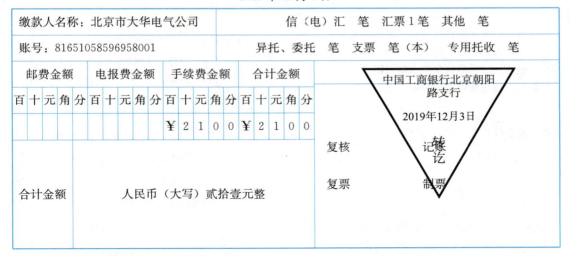

中国工商银行银行汇票申请书（存根）

第 1 号

申请日期　2019 年 12 月 3 日

申请人	北京市大华电器公司	收款人	江苏昆山公司
账号或地址	81651058596958001	账号或地址	451058675081002
用途	支付购货款	代理付款行	工行朝阳路支行

汇票金额	人民币（大写）　陆拾万元整	千	百	十	万	千	百	十	元	角	分
			¥	6	0	0	0	0	0	0	0

此联申请人留存

上列款项请从我账户内支付

科　　目（借）_____
对方科目（贷）_____

财务专用章

申请人盖章　财务主管　　　复核　　　经办

中国工商银行北京朝阳路支行邮、电手续费收费凭证（借方凭证）

2019 年 12 月 3 日

缴款人名称：北京市大华电气公司	信（电）汇　笔　汇票 1 笔　其他　笔
账号：81651058596958001	异托、委托　笔　支票　笔（本）　专用托收　笔

邮费金额				电报费金额				手续费金额				合计金额				
百	十	元	分	百	十	元	分	百	十	元	角	分	百	十	元	角	分
									¥	2	1	0	0	¥	2	1	0	0

中国工商银行北京朝阳路支行
2019年12月3日
记账讫
复核　　记账讫
复票　　制票

合计金额	人民币（大写）贰拾壹元整

2. 实训要求

　　银行汇票是指由出票银行签发的，由其在见票时按照实际结算金额无条件付给收款人或者持票人确定金额的票据。银行汇票的出票银行为银行汇票的付款人。

　　银行汇票一式四联，第一联为卡片，承兑行在支付票款时作付出传票；第二联为银行汇票，与第三联解讫通知一并由汇款人自带，在兑付行兑付汇票后此联作为联行往来账的付出传票；第三联为解讫通知，在兑付行兑付后随报单寄签发行，由签发行作余款收入传票；第四联为多余款通知，由签发行在结清后交汇款人。单位内部供应部门或其他业务部门因业务需要使用银行汇票时，应填写银行汇票请领单，具体说明领用银行汇票的部门、经办人、汇款用途、收款单位名称、开户银行、账号等，由申请人签章，并经单位领导审批同意后，由财务部门具体办理银行汇票手续。办理银行汇票支付手续费的单据由银行填制，因此学生只需要掌握银行汇票申请书的填制方法即可。

根据业务描述及相关业务取得的外来凭证提供的信息填写银行汇票申请书时，应注意以下几点：

（1）申请银行汇票申请书的时间。注意这里的申请日期使用阿拉伯小写数字填写即可，而银行汇票正票的日期必须使用中文大写数字填写。

（2）申请人及收款人的全称、银行账号或住址，必须正确填写，不得有涂改痕迹。

（3）写明用途、代理付款行名称。

（4）汇票金额的中文大写数字与阿拉伯小写数字必须相符。

（5）盖上企业的财务专用章，交由代理付款行办理银行汇票。

3. 实训任务

根据下列业务资料完成任务：

（1）5 日，向银行开出金额为 1 053 000 元的银行汇票申请书，支付向天津电子机械厂购入材料的货款，增值税税率为 13%，收到增值税专用发票，材料已验收入库。根据业务描述和增值税专用发票填写银行汇票申请书及收料单。

天津市增值税专用发票

开票日期：2019 年 12 月 5 日　　　　　　　No. 04838848

购买方	名　　　称：北京市大华电器公司 纳税人识别号：110199061405146 地址、电话：北京市朝阳路 968 号 87674588 开户行及账号：工行朝阳路支行 　　　　　　　81651058596958001	密码区	245687478/>+<1248<-<　加密版本：01 *+-457-</148<-22-45　8641516972*-4- 78>879458136845<7+0　147854129/92/27 9>>->98>><1　478131

货物或应税劳务名称	规格型号	单位	数量	单价	金额	税率	税额
材料	C01	台	2 000	450.00	900 000.00	13%	117 000.00
合计					¥900 000.00	13%	¥117 000.00

价税合计（大写）	⊗壹佰零壹万柒仟元整　　　　　　　　　（小写）¥1 017 000.00

销售方	名　　　称：天津电子机械厂 纳税人识别号：420563426735637 地址、电话：天津市五里路 223 号 56394251 开户行及账号：工商银行五里支行 42045276341	备注	天津电子机械厂 420563426735637 发票专用章

收款人：　　　复核：　　　　　开票人：刘叶　　　　销货单位：（章）

第二联　发票联　购货方记账凭证

中国工商银行银行汇票申请书（存根）

申请日期　　年　月　日　　　　　　　第　号

申请人		收款人	
账号或地址		账号或地址	
用途		代理付款行	

汇票金额	人民币 （大写）	千 百 十 万 千 百 十 元 角 分

上列款项请从我账户内支付

科　　目（借）＿＿＿＿＿＿
对方科目（贷）＿＿＿＿＿＿
转账日期　　年　月　日

申请人盖章　财务主管　　复核　　　　经办

此联申请人留存

收料单

收料部门：　　　　　　　　年　月　日　　　　　字第　号

种类	编号	名称	规格	数量	单位	单价	成本总额
							千 百 十 万 千 百 十 元 角 分
备注							

负责人：　　　　记账：　　　　验收：　　　　填单：

第三联　财务记账

（2）10 日，从江苏昆山商贸公司（开户银行：工商银行丰都支行，纳税人识别号：420563426735637，账号：451058675081002）购入材料一批，材料未运达企业。增值税专用发票注明价款共计 500 000 元，增值税税额为 65 000 元，同时收到对方开具的运费发票一张，金额为 1 000 元。申请银行汇票支付货款。根据业务描述填写银行汇票申请书。

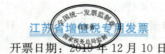

江苏省增值税专用发票

开票日期：2019 年 12 月 10 日　　　　　　　　No.03262347

购买方	名　　　称：北京市大华电器公司 纳税人识别号：110199061405146 地址、电话：北京市朝阳路 968 号 87674588 开户行及账号：工行朝阳路支行 81651058596958001				密码区	245687478/>+<1248<-<　加密 版本：01 * +−457-</148<-22-45 8641516972 *-4-78>879458136845 <7+0　14785419/92/27 9>>->98 >><1　478131		
货物或应税劳务名称	规格型号	单位	数量	单价	金额	税率	税额
原材料	YZ0001	台	2 500	200.00	500 000.00	13％	65 000.00
合计					￥500 000.00	13％	￥65 000.00

价税合计（大写）	⊗伍拾陆万伍仟元整　　　　　　　　（小写）￥565 000.00

销售方	名　　　称：江苏昆山商贸公司 纳税人识别号：420563426735637 地址、电话：昆山市丰都路 25 号 38620455 开户行及账号：工行丰都支行 451058675081002	备注	江苏昆山商贸公司 420563426735637 发票专用章

收款人：　　　　复核：　　　　开票人：刘叶　　　　销货单位：（章）

第二联　发票联　购货方记账凭证

江苏省增值税专用发票

开票日期：2019 年 12 月 10 日　　　　　　　　No.130032418

购买方	名　　　称：北京市大华电器公司 纳税人识别号：110199061405146 地址、电话：北京市朝阳路 968 号 87674588 开户行及账号：工行朝阳路支行 　　81651058596958001				密码区	245687478/>+<1248<-< 加密版本：01 * +−457-</148<-22-45 8641516972 *-4-78 >879458136845<7+0 14785419/92/279 > >->98>><1 478131		
货物或应税劳务名称	规格型号	单位	数量	单价	金额	税率	税额
运输费				917.43	917.43	9％	82.57
合计					￥917.43		￥82.57

价税合计（大写）	⊗壹仟元整　　　（小写）￥1 000.00

销售方	名　　　称：江苏昆山商贸公司 纳税人识别号：420563426735637 地址、电话：昆山市丰都路 25 号 38620455 开户行及账号：工行丰都支行 　　451058675081002	备注	江苏昆山商贸公司 420563426735637 发票专用章

收款人：　　　　复核：　　　　开票人：刘叶　　　　销货单位：（章）

第二联　发票联　购货方记账凭证

中国工商银行银行汇票申请书（存根）

申请日期　　年　　月　　日　　　　　　　第　号

申请人		收款人	
账号或地址		账号或地址	
用途		代理付款行	
汇票金额	人民币（大写）	千 百 十 万 千 百 十 元 角 分	

上列款项请从我账户内支付

科　　　目（借）_____
对方科目（贷）_____
转账日期　　　年　　月　　日
申请人盖章　财务主管　　复核　　　经办

此联申请人留存

（3）11 日，申办银行汇票 38 000 元用于向深圳电子商贸公司（开户行：工行深圳分行平湖支行，账号：867508100245105）购货。根据业务描述填写银行汇票申请书。

中国工商银行银行汇票申请书（存根）

申请日期　　年　　月　　日　　　　　　　第　号

申请人		收款人	
账号或地址		账号或地址	
用途		代理付款行	
汇票金额	人民币（大写）	千 百 十 万 千 百 十 元 角 分	

上列款项请从我账户内支付

科　　　目（借）_____
对方科目（贷）_____
转账日期　　　年　　月　　日
申请人盖章　财务主管　　复核　　　经办

此联申请人留存

（4）15 日，申请 73 500 元银行汇票用于向汕头商贸公司（开户银行：工行龙湖支行，账号：4135867445602，纳税人识别号：320563435685637，地址：汕头市龙湖区城南北路234 号，电话：28620436）购材料。20 日，收到汕头商贸公司开出的增值税专用发票一张，注明价款共计50 000 元，增值税税额为 6 500 元，运输费由对方企业支付。材料已验收入库，余款退回。根据业务描述填写相应凭证（填写及收到凭证的顺序为：银行汇票申请书、增值税专用发票、收料单、银行汇票多余款收账通知）。

中国工商银行银行汇票申请书（存根）

申请日期　　年　月　日　　　　　　第　号

申请人		收款人	
账号或地址		账号或地址	
用途		代理付款行	

汇票金额	人民币 （大写）		千	百	十	万	千	百	十	元	角	分

上列款项请从我账户内支付	科　目（借）
	对方科目（贷）
	转账日期　　年　月　日
申请人盖章　财务主管　　复核　　　经办	

此联申请人留存

广东省增值税专用发票

开票日期：　　　年 12 月 20 日　　　　　　No. 04838848

购买方	名　　　称：北京市大华电器公司 纳税人识别号：110199061405146 地址、电话：北京市朝阳路 968 号 87674588 开户行及账号：工行朝阳路支行 816510585969958001	密码区	245687478/＞＋＜1248＜－＜　加密 版本：01 ＊ ＋--457-＜/148 ＜-22-45 8641516972 ＊-4-78＞879458136845 ＜7＋0　147854129/92/27 9＞＞-＞ 98＞＞＜1　478131

货物或应税劳务名称	规格型号	单位	数量	单价	金额	税率	税额
原材料	YZ0003	台	500	100.00	50 000.00	13％	6 500.00
合计					￥50 000.00	13％	￥6 500.00

价税合计（大写）	⊗伍万陆仟伍佰元整	（小写）￥56 500.00

销售方	名　　　称：汕头商贸公司 纳税人识别号：320563435685637 地址、电话：汕头市龙湖区城南北路 234 号 28620436 开户行及账号：工行龙湖支行 4135867445602	备注	（汕头商贸公司 320563435685637 发票专用章）

收款人：　　　复核：　　　开票人：王如　　　销货单位：（章）

第二联　发票联　购货方记账凭证

收料单

收料部门：　　　　　　年　月　日　　　　　　　字第　号

种类	编号	名称	规格	数量	单位	单价	成本总额										
							千	百	十	万	千	百	十	元	角	分
备注																

负责人：　　　　　记账：　　　　　验收：　　　　　填单：

第三联　财务记账

付款期限
壹个月

中国工商银行银行汇票　（多余款）收账通知　　汇票号码 第X01213号

出票日期（大写）贰零壹玖年壹拾贰月贰拾日　　代理付款行：朝阳路支行　行号：6354812

收款人：北京市大华电器公司　　账号：81651058596958001

出票金额人民币（大写）　壹万柒仟元整

实际结算金额人民币（大写）壹万柒仟元整　　¥1700000

申请人：北京市大华电器公司　　账号或住址：81651058596952001

出票行：朝阳路支行　行号：6354812

备注：

出票行盖章　业务专用章　年　月　日

密押　多余金额　¥1700000

左列退回多余金额已收入你账户内　财务主管　复核　经办

此联出票行结清多余款后交申请人

（5）18日，向银行申请45 475元银行汇票，偿还前欠京沪贸易有限公司（开户银行：工行浦东支行，账号：3584167460245，纳税人识别号：356378320563456，地址：上海市浦东234号）货款。根据业务描述填写银行汇票申请书。

中国工商银行银行汇票申请书（存根）

申请日期　　年　　月　　日　　　　　　　　　　第　号

申请人		收款人										
账号或地址		账号或地址										
用途		代理付款行										
汇票金额	人民币 （大写）			千	百	十	万	千	百	十	元	角	分

上列款项请从我账户内支付

科　　目（借）＿＿＿＿＿＿
对方科目（贷）＿＿＿＿＿＿

转账日期　　　年　　月　　日

申请人盖章　财务主管　　复核　　　　经办

此联申请人留存

（6）20 日，申请银行汇票 79 800 元用于向江苏电子公司（开户行：工行江苏分行中山路支行，账号：675045105881002）购货。根据业务描述填写银行汇票申请书。

中国工商银行银行汇票申请书（存根）

申请日期　　年　　月　　日　　　　　　　　　　第　号

申请人		收款人										
账号或地址		账号或地址										
用途		代理付款行										
汇票金额	人民币 （大写）			千	百	十	万	千	百	十	元	角	分

上列款项请从我账户内支付

科　　目（借）＿＿＿＿＿＿
对方科目（贷）＿＿＿＿＿＿

转账日期　　　年　　月　　日

申请人盖章　财务主管　　复核　　　　经办

此联申请人留存

（7）23 日，向银行申请 62 880 元银行汇票，偿还前欠杭州机电公司（开户行：工行文晖支行，账号：211040000391，纳税人识别号：33028178028308）货款。根据业务描述填写银行汇票申请书。

中国工商银行银行汇票申请书（存根）

申请日期　　年　月　日　　　　　　第　号

申请人		收款人	
账号或地址		账号或地址	
用途		代理付款行	

汇票金额	人民币（大写）	千	百	十	万	千	百	十	元	角	分

上列款项请从我账户内支付

科　目（借）＿＿＿＿＿
对方科目（贷）＿＿＿＿＿

转账日期　　年　月　日

申请人盖章　财务主管　　复核　　　　经办

此联申请人留存

（8）25 日，向银行申请 118 000 元银行汇票，偿还前欠福建天马有限公司（开户行：工行东福支行，账号：42045276341，地址：福州市东福路）货款。根据业务描述填写银行汇票申请书。

中国工商银行银行汇票申请书（存根）

申请日期　　年　月　日　　　　　　第　号

申请人		收款人	
账号或地址		账号或地址	
用途		代理付款行	

汇票金额	人民币（大写）	千	百	十	万	千	百	十	元	角	分

上列款项请从我账户内支付

科　目（借）＿＿＿＿＿
对方科目（贷）＿＿＿＿＿

转账日期　　年　月　日

申请人盖章　财务主管　　复核　　　　经办

此联申请人留存

（九）电汇、信汇凭证的填制

1. 实例资料

19 日，开出电汇凭证，偿还前欠福建天马有限公司（开户行：交通银行福仁路支行，账号：63025942654，纳税人识别号：312632465327867，地址：福州市福仁路 489 号）货款 80 000 元。填写的电汇凭证如下所示。

中国工商银行电汇凭证（回单）　　　　　第　号

委托日期 2019 年 12 月 19 日　　　　　应解汇款编号

汇款人	全　称	北京市大华电器公司	收款人	全　称	福建天马有限公司
	账　号	81651058596958001		账　号	63025942654
	汇出地点	省 北京 市/县		汇入地点	福建 省 福州 市/县

汇出行名称	工行朝阳路支行	汇入行名称	交行福仁路支行

		亿	千	百	十	万	千	百	十	元	角	分
金额	人民币（大写）捌万元整					¥	8	0	0	0	0	0

汇款用途：支付货款　如需加急，请在括号内注明（　）

支付密码

附加信息及用途：

交通银行福仁路支行 业务专用章

汇出行签章

复核：　　　　记账：

此联是汇出行给汇款人的回单

2. 实训要求

汇兑是汇款单位委托银行将款项汇往异地收款单位的一种结算方式。根据划转款项的方法以及传递方式的不同，可以分为信汇和电汇两种，由汇款人自行选择。信汇是汇款人向银行提出申请，同时交存一定金额及手续费，汇出行将信汇委托书以邮寄方式寄给汇入行，授权汇入行向收款人解付一定金额的一种汇兑结算方式。电汇是汇款人将一定款项交存汇款银行，汇款银行通过电报或电传给目的地的分行或代理行（汇入行），指示汇入行向收款人支付一定金额的一种汇款方式。在这两种汇兑结算方式中，信汇费用较低，但速度相对较慢，而电汇具有速度快的优点，但汇款人要负担较高的电报电传费用，因而通常只在紧急情况下或者金额较大时使用。另外，为了确保电汇的真实性，汇出行要在电报上加注双方约定的密码；而信汇则无须加密码，签字即可。但二者的凭证格式一般是一样的。

根据业务描述提供的信息填写电汇凭证或信汇凭证时，应注意以下几点：

（1）申请委托凭证的日期。

（2）汇款人与收款人的全称及账号、汇出地点与汇入地点、汇出行及汇入行名称信息填写无误。

（3）委托汇兑时，金额的大写数字与小写数字必须相符。

（4）写明汇款用途，加盖银行业务专章。

3. 实训任务

根据下列业务资料完成任务：

（1）11 日，向浙江云溪电机厂（开户行：交通银行北福路支行，账号：62025342654，地址：浙江省慈溪市北福路 234 号）电汇 500 000 元，预付购货款。根据业务描述填写电汇凭证。

中国工商银行电汇凭证（回单）

第　号

委托日期　年　月　日　　　　　　　应解汇款编号

汇款人	全　　称		收款人	全　　称											
	账　　号			账　　号											
	汇出地点	省　　市/县		汇入地点	省　　市/县										
汇出行名称			汇入行名称												
金额	人民币（大写）				亿	千	百	十	万	千	百	十	元	角	分
汇款用途：（　）	如需加急，请在括号内注明		支付密码												
			附加信息及用途：												
汇出行签章			复核：　　　　记账：												

此联是汇出行给汇款人的回单

（2）14 日，向长江股份有限责任公司（开户行：工商银行北京分行东城支行，账号：423380081079889）购买离心式风机 2 000 台，单价 200 元，电热元件 2 000 台，单价 100 元，总计 600 000 元，税额 78 000 元，通过信汇支付货款。根据业务描述填写信汇凭证。

中国工商银行信汇凭证（回单）

第　号

委托日期　年　月　日　　　　　　　应解汇款编号

汇款人	全　　称		收款人	全　　称											
	账　　号			账　　号											
	汇出地点	省　　市/县		汇入地点	省　　市/县										
汇出行名称			汇入行名称												
金额	人民币（大写）				亿	千	百	十	万	千	百	十	元	角	分
汇款用途：（　）	如需加急，请在括号内注明		支付密码												
			附加信息及用途：												
汇出行签章			复核：　　　　记账：												

此联是汇出行给汇款人的回单

（3）17 日，向永和机电有限公司（开户行：工行平湖支行，账号：329790888308279，地址：深圳市平湖胜利路 1324 号）购买甲材料，预付货款 24 000 元，通过信汇支付。根据业务描述填写信汇凭证。

中国工商银行信汇凭证（回单）

第 号

委托日期 年 月 日　　　　应解汇款编号

汇款人	全 称		收款人	全 称										
	账 号			账 号										
	汇出地点	省 市/县		汇入地点	省 市/县									
汇出行名称			汇入行名称											
金额	人民币（大写）				亿	千	百	十	万	千	百	十	元	角	分
汇款用途：（ ）	如需加急，请在括号内注明		支付密码											
			附加信息及用途：											
	汇出行签章		复核：　　　记账：											

此联是汇出行给汇款人的回单

（4）26日，向广州长江有限公司（开户行：工行广州第一支行，账号：42654620253）电汇85 000元，预付购货款。根据业务描述填写电汇凭证。

中国工商银行电汇凭证（回单）

第 号

委托日期 年 月 日　　　　应解汇款编号

汇款人	全 称		收款人	全 称										
	账 号			账 号										
	汇出地点	省 市/县		汇入地点	省 市/县									
汇出行名称			汇入行名称											
金额	人民币（大写）				亿	千	百	十	万	千	百	十	元	角	分
汇款用途：（ ）	如需加急，请在括号内注明		支付密码											
			附加信息及用途：											
	汇出行签章		复核：　　　记账：											

此联是汇出行给汇款人的回单

（十）借据、差旅费报销单与收据的填制

1. 实例资料

5 日，经批准，采购科李浩 6 日到西安出差，预借差旅费 1 500 元，已用现金支票付讫。13 日，采购部李浩出差回来报销差旅费 1 500 元，其中来回车费 250 元，其他车费 150 元，住宿费 450 元，伙食 50 元/天，出差补贴 350 元，出差时间为 6 日到 12 日。填写的借据、差旅费报销单与收款收据如下所示。

借据
2019 年 12 月 5 日

借款部门	采购科	职别	职员	出差人姓名	李浩
借款事由	公务出差西安 现金付讫
借款金额	人民币（大写）壹仟伍佰元整			¥1 500.00	
批准人	王政	部门负责人	刘一明	财务负责人	刘琦

收款人：李浩

差旅费报销单
2019 年 12 月 13 日

部门　采购科

出差人					李浩		出差事由		西安出差		
出发				到达			交通工具	交通费		途中伙食费		其他费用		
月	日	时	地点	月	日	时	地点		单据张数	金额	天数	金额	项目	单据张数	金额
12	6	9	北京	12	6	17	西安	火车	1	125.00	6	300.00	住宿费	1	450.00
12	12	9	西安	12	12	17	北京	火车	1	125.00			市内车费	1	150.00
													出差补贴	0	350.00
													办公用品		
													不买卧铺补贴		
													其他		
合计									2	250.00	6	300.00		2	950.00
合计　¥1 500.00								预借旅费	¥1 500.00		补领金额		¥0.00		
人民币（大写）壹仟伍佰元整											退还金额		¥0.00		

附件 4 张

主管：刘一明　　　审核：王政　　　出纳：王涛　　　领款人：李浩

收款收据

2019 年 12 月 13 日

编号：154798

交款人（单位）	李浩								
摘要	报销差旅费			千	百	十	元	角	分
金额	人民币（大写）壹仟伍佰元整			1	5	0	0	0	0

主管：　　　　　　　　会计：　　　　　　　　　　　　　　　出纳：王涛

2. 实训要求

借据、差旅费报销单、收款收据都是企业自制的原始凭证，是企业员工出差预借差旅费到报销差旅费的过程中需要填制的原始凭证。各单据必须据实填写，且各项支出都要有发票证明。差旅费报销的补款项通过出差前的借据与报销时的收款收据的差额体现，并开出支出证明单支付款项；多余款退回通过差旅费报销单体现，出差前与报销时的收款收据的金额则不变。

根据业务描述提供的信息填写预借差旅费时的借据、出差回来报销差旅费时的差旅费报销单及收款收据（冲销借据）时，应注意以下几点：

（1）借据内容填写完整后，无论是现金支付还是开具现金支票，在部门负责人、财务负责人、批准人及收款人签章后加盖现金付讫印章。

（2）填写差旅费报销单时需要注意，出差阶段支付的所有费用必须在出差的时间段内。

（3）收款收据填写完成后，需要出纳签名确认，并加盖企业财务专用章。

3. 实训任务

根据下列业务资料完成任务：

（1）4 日，采购员王平到广州出差预借差旅费 5 000 元，已用现金支票付讫，填写借据，以证明支取。10 日，王平报销差旅费，填写差旅费报销单，其中：往返飞机票各一张，单价 1 200 元，住宿费 900 元（附 1 张单据），市内车费 80 元（附 4 张单据），伙食补助 60 元/天，出差补贴 300 元。以上费用经批准予以报销，原借款 5 000 元的余额退回。根据业务描述填写借据、差旅费报销单与收款收据。

借据

年　　月　　日

借款部门		职别		出差人姓名	
借款事由					
借款金额	人民币（大写）				
批准人		部门负责人		财务负责人	

收款人：

差旅费报销单

部门 _____

出差人				出差事由						
出发			到达			交通工具	交通费		途中伙食费		其他费用		

差旅费报销单详细表格：

出发				到达				交通工具	交通费		途中伙食费		其他费用		
月	日	时	地点	月	日	时	地点		单据张数	金额	天数	金额	项目	单据	金额
													住宿费		
													市内车费		
													出差补贴		
													办公用品		
													不买卧铺补贴		
													其他		
合计															

附件　张

合计　¥		预借旅费　¥	补领金额　¥
人民币（大写）			退还金额　¥

主管：　　　　　　　审核：　　　　　　　出纳：　　　　　　　领款人：

收款收据

年　　月　　日　　　　　　　　　　编号：

交款人（单位）									
摘要									
金额	人民币（大写）	万	千	百	十	元	角	分

主管：　　　　　　　会计：　　　　　　　出纳：

（2）10 日，销售科许琳到杭州出差，预借差旅费 1 500 元，用现金付讫，填写借据，以证明支取。13 日，许琳报销差旅费，填写差旅费报销单，其中：往返车票各一张，单价 500 元，住宿费 200 元（附单据 1 张），市内车费 80 元（附单据 3 张），伙食补助 60 元/天，出差补贴 500 元。以上费用经批准予以报销，以现金支付补回 460 元差旅费给许琳（补回款项时还需要填写支出证明单）。根据业务描述填写借据、差旅费报销单、收款收据与支出证明单。

借据

年　　月　　日

借款部门		职别		出差人姓名	
借款事由					
借款金额	人民币（大写）				
批准人		部门负责人		财务负责人	

收款人：

差旅费报销单

部门_____

出差人				出差事由							
出发		到达		交通工具	交通费		途中伙食费		其他费用		
月日时 地点		月日时 地点			单据张数	金额	天数	金额	项目	单据	金额
									住宿费		
									市内车费		
									出差补贴		
									办公用品		
									不买卧铺补贴		
									其他		
合计											
合计 ￥					预借旅费 ￥				补领金额 ￥		
人民币（大写）									退还金额 ￥		

附件　张

主管：　　　　　　审核：　　　　　　出纳：　　　　　　领款人：

收款收据

年　　月　　日　　　　　　　　编号：

交款人（单位）									
摘要									
金额	人民币（大写）	万	千	百	十	元	角	分	

主管：　　　　　　会计：　　　　　　出纳：

支出证明单

年　　月　　日　　　　　　　　附件共　张

支出科目	摘要	金额						缺乏正式单据之原因
		万	千	百	十	元	角	分	
合计：人民币（大写）　　万　仟　佰　拾　元　角　分　　　￥								

核准：　　　　　　复核：　　　　　　证明人：　　　　　　经手：

（3）15日，经批准，采购科王力到杭州出差，预借差旅费3 500元，已用现金支票付讫，填写借据。18日，采购科王力出差回来报销差旅费2 590元，其中：来回车费550元，其他车费250元，出差补贴1 000元，伙食补助80元/天，住宿费550元。退回多余款910元。根据业务描述填写借据、差旅费报销单与收款收据。

借据

年　　　月　　　日

借款部门		职别		出差人姓名	
借款事由					
借款金额		人民币（大写）			
批准人		部门负责人		财务负责人	

收款人：

差旅费报销单

部门＿＿＿＿＿＿＿＿＿＿＿

出差人						出差事由					
出发			到达			交通工具	交通费		途中伙食费		其他费用
月 日 时	地点		月 日 时	地点			单据张数	金额	天数	金额	项目 　　单据 　　金额
											住宿费
											市内车费
											出差补贴
											办公用品
											不买卧铺补贴
											其他
合计											
合计　¥						预借旅费　¥		补领金额　¥			
人民币（大写）								退还金额　¥			

附件　　张

主管：　　　　　　　审核：　　　　　　　出纳：　　　　　　　领款人：

收款收据

年　　　月　　　日　　　　　　编号：

交款人（单位）										
摘要										
金额	人民币（大写）	万	千	百	十	元	角	分		

主管：　　　　　　　　会计：　　　　　　　　出纳：

实训五　记账凭证的编制与审核

记账凭证是会计人员根据审核无误的原始凭证编制的，用来确定会计分录，作为直接记账依据的会计凭证。

记账凭证按其用途不同，可分为专用记账凭证和通用记账凭证两种。专用记账凭证按其反映经济业务内容的不同，又可分为收款凭证、付款凭证和转账凭证。

一、实训目标

通过对所给出的经济业务编制记账凭证，学生熟练掌握专用记账凭证和通用记账凭证的填制内容及填制要求，达到正确、规范填制和审核记账凭证的目标。

二、实训要求

（一）记账凭证的填制要求

对于发生的每笔经济业务，都应根据审核无误的原始凭证正确填制记账凭证。

记账凭证填制的内容主要有：

（1）记账凭证的名称。

（2）填制记账凭证的日期。

（3）记账凭证的编号。

（4）经济业务内容摘要。

（5）经济业务所涉及的会计科目、记账方向和金额。

（6）记账标记。

（7）所附原始凭证张数。

（8）有关人员的签章。

填制记账凭证的要求有：

（1）准确填制日期。填制日期可能与后附原始凭证的日期一致，也可能晚于原始凭证日期，但一定不能早于原始凭证日期。

（2）顺序编号。每个月的业务都从 1 号按顺序往下排。同一笔业务需要填制两张以上记账凭证的，以分数编号法填列。

（3）填好摘要。记账凭证的摘要栏是对经济业务的简要说明，同时是登记账簿的重要依据，必须针对不同性质的经济业务的特点，考虑登记账簿的需要，正确填写，不可漏填或错填。"摘要"应该把经济业务的要点摘出来，简明扼要，有时主语可以省略，如"收到海虹公司汇来预付货款"；有时不能省略，如"王宏因公出差广州报销差旅费"。

（4）正确使用会计科目。每笔业务都应按规定填制正确的会计科目，包括总账科目和明细科目。

（5）规范地填写金额。

1）金额应和所附的原始凭证一致。

2）没有角分的数字要补"00"。

3）最下面一行合计数前要加人民币符号"￥"。

4）金额栏登记的金额应和借方科目或贷方科目相对应，或者是与一级科目、二级明细科目分别对应。

（6）划去空行。记账凭证中无数字的空白行次应用斜线划销，从贷方最后一行数字的下一行划至借方合计数的上一行。

（7）注明附件张数。收付款业务的附件一般按自然张数计算，即有一张算一张；对附有火车票等差旅费报销单的附件，只填报销单的张数。当一张或几张原始凭证为几张记账凭证所共用时，可将原始凭证附在一张主要的记账凭证后面，摘要栏内注明"附件包括第××号记账凭证"，在其他记账凭证附件栏内注明"见第××号记账凭证"，以便查阅。如果一张原始凭证所列支出需要几个单位共同负担，应根据其他单位负担的部分开具原始凭证分割单，进行结算。结转和更正错误的记账凭证，可以不附原始凭证。

（8）过账符号栏，在根据该记账凭证登记有关账簿后，在该栏划"√"，表示已经登记入账，避免重记、漏记；在没有记账之前，该栏没有记录。

（9）由填制人及其他相关人员签字或盖章。

（二）记账凭证的审核

（1）审核记账凭证内容：包括审核记账凭证是否附有原始凭证，记账凭证与所附原始凭证的内容是否相符。

（2）审核会计处理方法：包括审核会计科目的应用是否正确，二级明细科目是否齐全，科目对应关系是否清晰，金额是否正确。

（3）审核其他有关项目是否全部填列齐全，有关人员是否签字或盖章。

（三）记账凭证的更正

（1）记账时（未入账）发现错误，应当重新填制。

（2）已登记入账的记账凭证错误更正分为以下两种情况：

1）在当年发现填写错误。金额以外的错误，用红字填写一张与原内容相同的记账凭证，在摘要栏注明"订正某月某日某号凭证"字样。

如果会计科目没有错，只是金额错误，可根据正确数字与错误数字之间的差额，另编制一张调整的记账凭证，调增金额用蓝字，调减金额用红字。

2）发现以前年度记账凭证有错误的，应当用蓝字填制一张更正的记账凭证。

三、实训要点

（1）用于填制通用记账凭证的会计分录，可以是简单会计分录，也可以是复合会计分录。

（2）用于填制专用记账凭证中收款凭证的会计分录必须是"一借一贷"或"一借多贷"；"一借"必须是"库存现金"或"银行存款"科目。

（3）用于填制专用记账凭证中付款凭证的会计分录必须是"一借一贷"或"多借一

贷"；"一贷"必须是"库存现金"或"银行存款"科目。

（4）用于填制专用记账凭证中转账凭证的会计分录可以是简单会计分录，也可以是复合会计分录；会计分录中的会计科目设有"库存现金"或"银行存款"。

（5）对于"一借一贷"的"库存现金"和"银行存款"会计分录，只填付款凭证，不填收款凭证。

四、相关法规规定

《会计基础工作规范》对记账凭证的编制与审核做出明确规定，具体如下：

第五十条　会计机构、会计人员要根据审核无误的原始凭证填制记账凭证。

记账凭证可以分为收款凭证、付款凭证和转账凭证，也可以使用通用记账凭证。

第五十一条　记账凭证的基本要求是：

（一）记账凭证的内容必须具备：填制凭证的日期；凭证编号；经济业务摘要；会计科目；金额；所附原始凭证张数；填制凭证人员、稽核人员、记账人员、会计机构负责人、会计主管人员签名或者盖章。收款和付款记账凭证还应当由出纳人员签名或者盖章。

以自制的原始凭证或者原始凭证汇总表代替记账凭证的，也必须具备记账凭证应有的项目。

（二）填制记账凭证时，应当对记账凭证进行连续编号。一笔经济业务需要填制两张以上记账凭证的，可以采用分数编号法编号。

（三）记账凭证可以根据每一张原始凭证填制，或者根据若干张同类原始凭证汇总填制，也可以根据原始凭证汇总表填制。但不得将不同内容和类别的原始凭证汇总填制在一张记账凭证上。

（四）除结账和更正错误的记账凭证可以不附原始凭证外，其他记账凭证必须附有原始凭证。如果一张原始凭证涉及几张记账凭证，可以把原始凭证附在一张主要的记账凭证后面，并在其他记账凭证上注明附有该原始凭证的记账凭证的编号或者附原始凭证复印件。

一张原始凭证所列支出需要几个单位共同负担的，应当将其他单位负担的部分，开给对方原始凭证分割单，进行结算。原始凭证分割单必须具备原始凭证的基本内容：凭证名称、填制凭证日期、填制凭证单位名称或者填制人姓名、经办人的签名或者盖章、接受凭证单位名称、经济业务内容、数量、单价、金额和费用分摊情况等。

（五）如果在填制记账凭证时发生错误，应当重新填制。

已经登记入账的记账凭证，在当年内发现填写错误时，可以用红字填写一张与原内容相同的记账凭证，在摘要栏注明"注销某月某日某号凭证"字样，同时再用蓝字重新填制一张正确的记账凭证，注明"订正某月某日某号凭证"字样。如果会计科目没有错误，只是金额错误，也可以将正确数字与错误数字之间的差额，另编一张调整的记账凭证，调增金额用蓝字，调减金额用红字。发现以前年度记账凭证有错误的，应当用蓝字填制一张更正的记账凭证。

（六）记账凭证填制完经济业务事项后，如有空行，应当自金额栏最后一笔金额数字下的空行处至合计数上的空行处划线注销。

第五十二条　填制会计凭证，字迹必须清晰、工整，并符合下列要求：

（一）阿拉伯数字应当一个一个地写，不得连笔写。阿拉伯金额数字前面应当书写货币币种符号或者货币名称简写和币种符号。币种符号与阿拉伯金额数字之间不得留有空白。凡阿拉伯数字前写有币种符号的，数字后面不再写货币单位。

（二）所有以元为单位（其他货币种类为货币基本单位，下同）的阿拉伯数字，除表示单价等情况外，一律填写到角分；无角分的，角位和分位可写"00"，或者符号"—"；有角无分的，分位应当写"0"，不得用符号"—"代替。

（三）汉字大写数字金额如零、壹、贰、叁、肆、伍、陆、柒、捌、玖、拾、佰、仟、万、亿等，一律用正楷或者行书体书写，不得用〇、一、二、三、四、五、六、七、八、九、十等简化字代替，不得任意自造简化字。大写金额数字到元或者角为止的，在"元"或者"角"字之后应当写"整"字或者"正"字；大写金额数字有分的，分字后面不写"整"或者"正"字。

（四）大写金额数字前未印有货币名称的，应当加填货币名称，货币名称与金额数字之间不得留有空白。

（五）阿拉伯金额数字中间有"0"时，汉字大写金额要写"零"字；阿拉伯数字金额中间连续有几个"0"时，汉字大写金额中可以只写一个"零"字；阿拉伯金额数字元位是"0"，或者数字中间连续有几个"0"、元位也是"0"但角位不是"0"时，汉字大写金额可以只写一个"零"字，也可以不写"零"字。

五、实训任务

（一）专用记账凭证的填制

实训资料：

企业名称：山西省远达有限公司（增值税一般纳税人）

开户行：工商银行解放路支行　　　账号：80404129

纳税人识别号：370866786633898

地址：临汾市解放路 16 号　　电话：5230355

会计：路平　　　　出纳员：李强　　　会计主管：孙林

实训要求：

根据原始凭证填制并审核收、付、转记账凭证。

远达有限公司 2019 年 12 月发生下列交易或事项：

（1）12 月 1 日，出纳员填写现金支票一张，从银行提取现金 3 000 元，支票存根如下所示。

中国工商银行
现金支票存根
No. 01621921

附加信息 _____

_____

出票日期 2019 年 12 月 1 日

| 收款人：远达有限公司 |
| 金　额：￥3 000.00 |
| 用　途：备用 |

单位主管：　　　　　　会计：路平

（2）12 月 3 日，采购员高刚填写借款单，并经有关人员签字同意，预借差旅费 3 600 元，以现金支付，借款单如下所示。

借款单
2019 年 12 月 3 日

部门	供应科		借款事由		采购材料
借款金额	金额（大写）叁仟陆佰元整			￥3 600.00	
批准金额	金额（大写）叁仟陆佰元整			￥3 600.00	
领导	周强	财务主管	孙林	借款人	高刚

（3）12 月 6 日，从环宇钢铁公司购进圆钢 12 吨，每吨 5 000 元，增值税进项税额 7 800 元，开出转账支票付款，材料验收入库，有关原始凭证如下所示。

中国工商银行
转账支票存根
No. 01621922

附加信息 _____

_____

出票日期 2019 年 12 月 6 日

| 收款人：环宇钢铁公司 |
| 金　额：￥67 800.00 |
| 用　途：购料 |

单位主管：　　　　　　会计：路平

山西省增值税专用发票

开票日期：2019 年 12 月 6 日　　　　　　　　　　No.03625347

| 购买方 | 名　　　称：山西省远达有限公司
纳税人识别号：370866786633898
地址、电话：临汾市解放路 16 号 5230355
开户行及账号：工商银行解放路支行
　　　　　　　80404129 | 密码区 | 6＋－〈2〉6）927＋296＋/＊　加密版
本：01
446〈600375〈35〉〈4/＊　37009931410
2－2〈2051＋24＋2618〈7　07050445/
3－15〉〉09/5/－1〉〉〉＋2 |

货物或应税劳务名称	规格型号	单位	数量	单价	金额	税率	税额
圆钢		吨	12	5 000	60 000.00	13％	7 800.00
合计					¥60 000.00		¥7 800.00

价税合计（大写）	⊗陆万柒仟捌佰元整	（小写）¥67 800.00

| 销售方 | 名　　　称：环宇钢铁公司
纳税人识别号：370863786263889
地址、电话：辽阳市解放路 108 号 5660368
开户行及账号：农业银行环翠区支行 56010112364 | 备注 | 环宇钢铁公司
370863786263889
发票专用章 |

收款人：　　　　复核：　　　　　　开票人：林强　　　　销货单位：（章）

第二联　发票联　购货方记账凭证

材料入库单

供应单位：环宇钢铁公司　　　　　　2019 年 12 月 6 日

发票号：　　　　　　　　　　　　　　　　　　　字第　　号

材料类别	材料名称	规格材质	计量单位	应收数量	实收数量	单价	金额							
							十	万	千	百	十	元	角	分
	圆钢		吨	12	12	5 000		6	0	0	0	0	0	0

| 检验结果 | 检验员签章： | 运杂费 | | | | | | | | |
| | | 合计 | ¥ | 6 | 0 | 0 | 0 | 0 | 0 | 0 |

| 备注 | |

仓库：　　　　　材料会计：　　　　　收料员：周涛　　　　制单：

第三联　财务记账

（4）12 月 8 日，收到天和公司投入企业的 80 000 元转账支票，已填写进账单，连同支票一并送存银行，并已收到进账单（收账通知），有关单据如下所示。

中国工商银行进账单（收账通知）

2019 年 12 月 8 日

出票人	全　　称	天和公司	收款人	全　　称	山西省远达有限公司
	账　　号	3688852		账　　号	80404129
	开户银行	工行南大街支行		开户银行	工行解放路支行

金额	人民币（大写）	捌万元整	亿	千	百	十	万	千	百	十	元	角	分
							¥8	0	0	0	0	0	0

票据种类	转账支票	票据张数	1	
票据号码				
				收款人开户银行签章
复核　　记账				

此联是收款人开户银行交给收款人的通知

统一收款收据（三联单）

第三联：记账依据　　　　　　2019 年 12 月 8 日　　　　　　No. 6703520

交款单位或交款人	天和公司	收款方式	转账支票
事由投资		备注：投资期 10 年	
人民币（大写）捌万元整	¥80 000.00		

收款单位（盖章）：　　　　　　　　　收款人（签章）：李强

行政事业性收费说明：收据不得使用

(5) 12 月 15 日，向工商银行借入期限为 6 个月的借款 150 000 元，有关单据如下所示。

中国工商银行借款凭证（代回单）

2019 年 12 月 15 日

借款单位名称	远达有限公司	放款账号：7-12	往来账号：72812992	
借款金额	人民币（大写）壹拾伍万元整	¥150 000.00		
种类	生产周转借款	单位提出期限	自 2019 年 12 月 15 日至 2020 年 6 月 15 日止	利率 8%
		银行核定期限	自 2019 年 12 月 15 日至 2020 年 6 月 15 日止	
上列借款已收入你单位往来户内　单位（银行签章）		单位会计分类		

第四联　交借款单位

（6）12 月 18 日，签发转账支票偿还前欠兴达公司货款 10 000 元，收到兴达公司开具的收款收据，支票存根和收款收据如下所示。

中国工商银行
转账支票存根
No.01621925

附加信息 _____

_____

_____

出票日期 2019 年 12 月 18 日

| 收款人：兴达公司 |
| 金　额：￥10 000.00 |
| 用　途：偿还货款 |

单位主管：　　　　　　会计：路平

统一收款收据（三联单）

第二联：收据　　　　　　2019 年 12 月 18 日　　　　　　No.8803529

交款单位或交款人	远达有限公司	收款方式	转账支票
事　由　　收回所欠货款		备注：	
人民币（大写）壹万元整　　￥10 000.00			

行政事业性收据不得使用
收费说明：收据不得使用

收款单位（盖章）：　　　　　　　　收款人（签章）：

（7）12 月 18 日，仓库发出材料供有关部门使用，领料单如下所示。

领料单

领料部门：生产车间　　　　　　2019 年 12 月 18 日

材料		单位	数量		单位成本	金额	过账
名称	规格		请领	实发			
甲材料		千克	4 000	4 000	10	40 000.00	
乙材料		千克	3 000	3 000	5	15 000.00	
工作单号		用途	生产 A 产品				
工作项目							

会计：　　　　　　记账：　　　　　　发料：王鹏　　　　　　领料：腾飞

领料单

领料部门：生产车间　　　　　　　　　　2019 年 12 月 18 日

材料		单位	数量		单位成本	金额	过账
名称	规格		请领	实发			
甲材料		千克	3 000	3 000	10	30 000.00	
乙材料		千克	2 000	2 000	5	10 000.00	
工作单号		用途	生产 B 产品				
工作项目							

会计：　　　　　　记账：　　　　　　发料：王鹏　　　　　　领料：腾飞

领料单

领料部门：生产车间　　　　　　　　　　2019 年 12 月 18 日

材料		单位	数量		单位成本	金额	过账
名称	规格		请领	实发			
乙材料		千克	1 600	1 600	5	8 000.00	
工作单号		用途	车间一般耗用				
工作项目							

会计：　　　　　　记账：　　　　　　发料：王鹏　　　　　　领料：腾飞

领料单

领料部门：计划科　　　　　　　　　　2019 年 12 月 18 日

材料		单位	数量		单位成本	金额	过账
名称	规格		请领	实发			
甲材料		千克	500	500	10	5 000.00	
工作单号		用途	行政管理使用				
工作项目							

会计：　　　　　　记账：　　　　　　发料：王鹏　　　　　　领料：张丽华

（8）12 月 19 日，出纳员填制现金支票提取现金 140 000 元以备发工资，支票存根如下所示。

中国工商银行
现金支票存根
No.01621955

附加信息 _____

_____

_____

出票日期 2019 年 12 月 19 日

收款人：远达有限公司	
金　额：¥140 000.00	
用　途：备发工资	

单位主管：　　　　　　　　　　　会计：路平

（9）12 月 19 日，以现金 140 000 元发放本月职工工资，工资结算汇总表如下所示。

工资结算汇总表

2019 年 12 月 19 日　　　　　　　　　　　　　　　　　　单位：元

部门	计时工资	计件工资	工资性津贴	奖金	应扣工资		应付工资
					事假	病假	
生产 A 产品工人		32 000	20 000	8 100	60	40	60 000
生产 B 产品工人		28 000	10 000	2 000			40 000
车间管理人员	23 500						23 500
行政管理人员	16 500						16 500
合计	40 000	60 000	30 000	10 100	60	40	140 000

（10）12 月 20 日，销售给红星公司电热水器 20 台，电热水器已发出，并向银行办妥托收手续，有关单据如下所示。

山西省增值税专用发票

开票日期 2019 年 12 月 20 日　　　　　　　No.03624537

购买方	名　　称：红星公司 纳税人识别号：370866786635598 地址、电话：合肥市乐水路 16 号 5230355 开户行及账号：工商银行乐水路支行 56009696	密码区	6＋一〈2〉6〉869＋296＋/ ＊　加密版 本：01446〈600375〈35〉　　〈4/＊ 370559314102 －〈2051＋24＋2618 〈709050445/3－15〉〉09/5/－1〉〉＋2

货物或应税劳务名称	规格型号	单位	数量	单价	金额	税率	税额
电热水器		台	20	1 500	30 000.00	13%	3 900.00
合计					¥30 000.00		¥3 900.00

价税合计（大写）	⊗叁万叁仟玖佰元整		（小写）¥33 900.00

销售方	名　　称：山西省远达有限公司 纳税人识别号：370866786633898 地址、电话：临汾市解放路 16 号 5230355 开户行及账号：工商银行解放路支行 80404129	备注	山西省远达有限公司 370866786633898 发票专用章

第一联　记账联　销货方记账凭证

收款人：　　　　　复核：　　　　　开票人：李强　　　　　销货单位：（章）

托收承付凭证（回单）

委托日期：2019 年 12 月 20 日

业务类型		委托收款（□邮划、□电划）			托收承付（□邮划、□电划）									
付款人	全称	红星公司		收款人	全称	山西省远达有限公司								
	账号	56009696			账号	80404129								
	地址	安徽省合肥市	开户行	工行		地址	山西省临汾市		开户行		工行			

金额	人民币（大写） 叁万叁仟玖佰元整	亿	千	百	十	万	千	百	十	元	角	分
					￥	3	3	9	0	0	0	0

款项内容	货款	托收凭据名称	托收承付凭证（电划）	附寄单证张数	
商品发运情况			合同名称号码		
备注：复核 记账		款项收妥日期 年 月 日		收款人开户银行签章 2019 年 12 月 20 日	

此联是收款人开户银行给收款人的受理回单

（11）12 月 31 日，分配结转本月职工工资 140 000 元，其中，生产 A 产品工人工资 60 000 元，生产 B 产品工人工资 40 000 元，车间管理人员工资 23 500 元，厂部管理人员工资 16 500 元，分配表如下所示。

工资费用分配汇总表

2019 年 12 月 31 日

单位：元

车间、部门		应分配金额
车间生产人员工资	生产 A 产品	60 000.00
	生产 B 产品	40 000.00
	生产人员工资小计	100 000.00
车间管理人员		23 500.00
厂部管理人员		16 500.00
合计		140 000.00

（12）12 月 31 日，按工资总额的 14% 计提福利费，福利费计提表如下所示。

福利费用计提表

2019 年 12 月 31 日

单位：元

车间、部门		工资总额	比例	福利费
车间生产人员工资	生产 A 产品	60 000.00	14%	8 400.00
	生产 B 产品	40 000.00	14%	5 600.00
	生产人员工资小计	100 000.00	14%	14 000.00
车间管理人员		23 500.00	14%	3 290.00
厂部管理人员		16 500.00	14%	2 310.00
合计		140 000.00		19 600.00

（13）12 月 31 日，计提本月固定资产折旧费，折旧费用分配表如下所示。

折旧费用分配表

2019 年 12 月 31 日　　　　　　　　　　　　　　　　　　　　单位：元

车间或部门	折旧额
生产车间	3 500.00
厂部	2 600.00
合计	6 100.00

（14）12 月 31 日，编制制造费用分配表，如下所示。

制造费用分配表

2019 年 12 月 31 日　　　　　　　　　　　　　　　　　　　金额单位：元

产品名称	实用工时	分配率	分配金额
A 产品	4 000		
B 产品	6 000		
合计	10 000		

（15）12 月 31 日，本月投产的 A 产品 500 件、B 产品 400 件全部完工，期初无在产品，结转产品生产成本，有关单据如下所示。

产品成本计算单

产品名称：A 产品　　　　　　　2019 年 12 月 31 日　　　　　　　　完工：500 件

项目	直接材料	直接人工	制造费用	合计
本月发生生产成本				
结转完工产品成本				
完工产品单位成本				

产品成本计算单

产品名称：B 产品　　　　　　　2019 年 12 月 31 日　　　　　　　　完工：400 件

项目	直接材料	直接人工	制造费用	合计
本月发生生产成本				
结转完工产品成本				
完工产品单位成本				

产成品入库单

2019 年 12 月 31 日

产品名称	计量单位	数量	单位成本	金额
A 产品	件			
B 产品	件			
合计				

（二）通用记账凭证的填制

公司名称：华宇实业有限责任公司（增值税一般纳税人）

开户行：中国建设银行四方支行　　账号：56032936

纳税人识别号：370867816237898

地址：辽阳市解放路 21 号　　电话：5230366

会计人员：江华　　出纳员：王文慧　　会计主管：陆雪峰

华宇实业有限公司 2019 年 12 月发生的交易或事项如下：

（1）12 月 1 日，从金祥公司购入甲材料 1 300 千克，开出支票付款，材料尚未运到，有关单据如下所示。

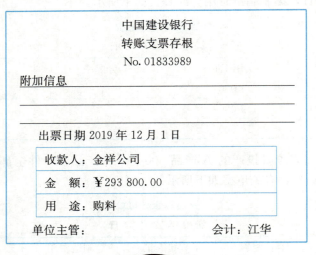

中国建设银行

转账支票存根

No.01833989

附加信息＿＿＿＿＿＿＿＿＿＿＿＿＿＿＿＿

＿＿＿＿＿＿＿＿＿＿＿＿＿＿＿＿＿＿＿＿＿

＿＿＿＿＿＿＿＿＿＿＿＿＿＿＿＿＿＿＿＿＿

出票日期 2019 年 12 月 1 日

| 收款人：金祥公司 |
| 金　额：¥293 800.00 |
| 用　途：购料 |

单位主管：　　　　　　　　　会计：江华

辽宁增值税专用发票

开票日期 2019 年 12 月 1 日　　　　　　　　　　No. 32652317

| 购买方 | 名　称：华宇实业有限责任公司
纳税人识别号：370867816237898
地址、电话：辽阳市解放路 21 号 5230366
开户行及账号：中国建设银行四方支行
56032936 | 密码区 | 6＋一〈2〉6〉589＋256＋/＊加密版本
01446〈600375〈35〉　　　〈4/＊
370089314102－2〈2051＋24＋2618〈7
07060445/3－15〉〉09/5/－1〉〉〉＋2 |

货物或应税劳务名称	规格型号	单位	数量	单价	金额	税率	税额
甲材料		千克	1 300	200	260 000.00	13%	33 800.00
合计					¥260 000.00		¥33 800.00

| 价税合计（大写） | ⊗贰拾玖万叁仟捌佰元整 | （小写）¥293 800.00 |

| 销售方 | 名　称：金祥公司
纳税人识别号：370833586263889
地址、电话：辽阳市福州路 108 号 85660368
开户行及账号：中国农业银行福州路支行 560180012364 | 备注 | 金祥公司
370833586263889
发票专用章 |

收款人：　　　　复核：　　　　　　开票人：张文强　　　　销货单位：（章）

第二联　发票联　购货方记账凭证

（2）12 月 1 日，仓库发出材料供有关部门使用，领料单如下所示。

领料单

领料部门：生产车间　　　　　　　　2019 年 12 月 1 日

材料		单位	数量		单位成本	金额	过账
名称	规格		请领	实发			
乙材料		千克	120	120	50	6 000.00	
工作单号		用途	车间一般耗用				
工作项目							

会计：　　　　　　记账：　　　　　　发料：王彬　　　　　　领料：肖华

领料单

领料部门：生产车间　　　　　　　　2019 年 12 月 1 日

材料		单位	数量		单位成本	金额	过账
名称	规格		请领	实发			
甲材料		千克	500	500	200	100 000.00	
乙材料		千克	1 000	1 000	50	50 000.00	
工作单号		用途	生产 A 产品				
工作项目							

会计：　　　　　　记账：　　　　　　发料：王彬　　　　　　领料：肖华

领料单

领料部门：生产车间　　　　　　　　2019 年 12 月 1 日

材料		单位	数量		单位成本	金额	过账
名称	规格		请领	实发			
甲材料		千克	750	750	200	150 000.00	
乙材料		千克	800	800	50	40 000.00	
工作单号		用途	生产 B 产品				
工作项目							

会计：　　　　　　记账：　　　　　　发料：王彬　　　　　　领料：肖华

领料单

领料部门：生产车间　　　　　　　　2019 年 12 月 1 日

材料		单位	数量		单位成本	金额	过账
名称	规格		请领	实发			
甲材料		千克	40	40	200	8 000.00	
工作单号		用途	管理部门一般耗用				
工作项目							

会计：　　　　　　记账：　　　　　　发料：王彬　　　　　　领料：周红

（3）12月3日，从金祥公司购入的甲材料运到企业并验收入库，入库单如下所示。

材料入库单

供应单位：金祥公司　　　　　　　2019 年 12 月 3 日　　　　　　　发票号：

材料类别	材料名称	规格材质	计量单位	数量	实收数量	单位成本	金额								
							百	十	万	千	百	十	元	角	分
	甲材料		千克	1 300	1 300	200			2	6	0	0	0	0	0	0
检验结果 　　检验员签章：				运杂费											
				合计			￥		2	6	0	0	0	0	0	0
备注															

仓库：　　　　　　　材料会计：　　　　　　　收料员：周杰

第三联　账务记账

（4）12月3日，出纳员填写现金支票一张，从银行提取现金 2 000 元，支票存根如下所示。

中国建设银行

现金支票存根

No. 01836981

附加信息 _____

_____

_____

出票日期 2019 年 12 月 3 日

收款人：华宇实业有限责任公司
金　额：￥2 000.00
用　途：备用

单位主管：　　　　　　会计：江华

（5）12月3日，销售A产品400件，单价2 000元，全部款项已送存银行，有关单据如下所示。

辽宁　增值税　用发票

开票日期　2019 年 12 月 3 日　　　　　　No.03625728

<table>
<tr><td rowspan="4">购买方</td><td>名　　　称：金诚公司</td><td rowspan="4">密码区</td><td>6＋一〈2〉6〉928＋296＋/＊　加密版本：</td></tr>
<tr><td>纳税人识别号：370670524383698</td><td>01446〈600375〈35〉〈4/＊　37009931410</td></tr>
<tr><td>地址、电话：辽阳市华侨路 28 号 6225006</td><td>2－2〈2051＋24＋2618〈707050345/3－15〉〉</td></tr>
<tr><td>开户行及账号：工商银行北大街支行
56019653</td><td>09/5/－1〉〉〉＋2</td></tr>
</table>

货物或应税劳务名称	规格型号	单位	数量	单价	金额	税率	税额
A 产品		件	400	2 000	800 000.00	13％	104 000.00
合计					¥800 000.00		¥104 000.00

价税合计（大写）	⊗玖拾万肆仟元整	（小写）¥904 000.00

<table>
<tr><td rowspan="4">销货方</td><td>名　　　称：华宇实业有限责任公司</td><td rowspan="4">备注</td><td rowspan="4"></td></tr>
<tr><td>纳税人识别号：370867816237898</td></tr>
<tr><td>地址、电话：辽阳市解放路 21 号 5230366</td></tr>
<tr><td>开户行及账号：建设银行四方支行 56032936</td></tr>
</table>

收款人：　　　　复核：　　　　开票人：王文慧　　　　销货单位：（章）

第一联　记账联　销货方记账凭证

中国建设银行进账单（收账通知）

2019 年 12 月 3 日

<table>
<tr><td rowspan="2">出票人</td><td>全称</td><td>金诚公司</td><td rowspan="2">收款人</td><td>全称</td><td colspan="9">华宇实业有限责任公司</td></tr>
<tr><td>账号</td><td>56019653</td><td>账号</td><td colspan="9">56032936</td></tr>
<tr><td></td><td>开户银行</td><td>工商银行北大街支行</td><td></td><td>开户银行</td><td colspan="9">建设银行四方支行</td></tr>
<tr><td rowspan="2">金额</td><td colspan="2" rowspan="2">人民币（大写）玖拾万肆仟元整</td><td>亿</td><td>千</td><td>百</td><td>十</td><td>万</td><td>千</td><td>百</td><td>十</td><td>元</td><td>角</td></tr>
<tr><td></td><td></td><td>¥</td><td>9</td><td>0</td><td>4</td><td>0</td><td>0</td><td>0</td><td>0</td><td>0</td></tr>
<tr><td>票据种类</td><td>转账支票</td><td>票据张数</td><td>1</td><td colspan="9" rowspan="3"></td></tr>
<tr><td>票据号码</td><td colspan="3"></td></tr>
<tr><td colspan="4" rowspan="2"></td></tr>
<tr><td>收款开户银行签章</td><td colspan="9"></td></tr>
<tr><td colspan="3">记账　　　　复核</td><td colspan="10"></td></tr>
</table>

此联是收款人开户银行交给收款人的收账通知

项目三

会计建账

实训六　建账

一、建账的概念

新建单位和原有单位在年度开始时，会计人员均应根据核算工作的需要设置、应用账簿，即平常所说的"建账"。

二、建账的基本程序

第一步：按照需用的各种账簿的格式要求，预备各种账页，并将活页的账页用账夹装订成册。

第二步：在账簿的"启用表"上，写明单位名称、账簿名称、册数、编号、起止页数、启用日期以及记账人员和会计主管人员姓名，并加盖名章和单位公章。记账人员或会计主管人员在本年度调动工作时，应注明交接日期、接办人员和监交人员姓名，并由交接双方签名或盖章，以明确经济责任。

第三步：按照会计科目表的顺序、名称，在总账账页上建立总账账户，并根据总账账户明细核算的要求，在各个账户上建立二、三级明细账户。原有单位在年度开始建立各级账户的同时，应将上年账户余额结转过来。

第四步：启用订本式账簿，应从第一页起到最后一页止按顺序编定号码，不得跳页、缺号；使用活页式账簿，应按账户顺序编定本账户页次号码。各账户编列号码后，应填"账户目录"，将账户名称页次登入目录内，并粘贴索引纸（账户标签），写明账户名称，以利检索。

三、建账基准日的确定

建账基准日应以公司成立日即营业执照签发日或营业执照变更日为准，由于会计核算以年度、季度、月进行分期核算，实际工作中，一般以公司成立当月月末或下月月初为基准日。如果公司设立之日是在月度中的某一天，一般以下一个月份的月初作为建账基准日。

四、建账的依据

企业建立新账的依据应以经合法中介机构审验评估的审计报告、资产评估报告（须经有关部门确认或备案）、验资报告为基础，以评估调整（即根据资产评估机构的评估报告，并经有关部门确认的资产评估基准日评估价值，与资产评估基准日的账面价值的差额调整）和会计调整（即资产评估基准日与会计建账基准日之间的会计账项调整）后的财务账项作为建账依据。

五、建账的意义

（一）建账是法律和法规的基本要求

账主要是指会计账册，亦称会计账簿，也可以理解为其主体是会计账簿。会计账册是记录会计核算内容的载体，建账是会计工作得以开展的基础环节。为此，我国有关法律、法规对建账问题做出了明确规定。《会计法》规定："各单位必须依法设置会计账簿"。《中外合作经营企业法》第十五条和《外资企业法》第十四条也规定，外资企业、合作企业必须在中国境内设置会计账簿，依照规定报送会计报表，并接受财政税务机关的监督。《公司法》第一百七十一条规定："公司除法定的会计账簿外，不得另立会计账簿。"《税收征收管理法》第十九条规定："纳税人、扣缴义务人按照有关法律、行政法规和国务院财政、税务主管部门的规定设置账簿，根据合法、有效凭证记账，进行核算。"《税收征收管理法实施细则》第二十二条规定："从事生产、经营的纳税人应当自领取营业执照或者发生纳税义务之日起15日内设置账簿"；第二十三条规定："生产、经营规模小又确无建账能力的纳税人，可以聘请经批准从事会计代理记账业务的专业机构或者经税务机关认可的财会人员代为建账和办理账务；聘请上述机构或者人员有实际困难的，经县以上税务机关批准，可以按照税务机关的规定，建立收支凭证粘贴簿、进货销货登记簿或者使用税控装置"。

综上所述，国家机关、社会团体、企业、事业单位和符合建账条件的个体工商户以及其他经济组织应当建立会计账簿的问题，在我国有关法律、法规中一再得到强调并有明确的规定。《会计基础工作规范》第三十六条从会计基础工作的需要出发再次规定："各单位应当按照《中华人民共和国会计法》和国家统一会计制度的规定建立会计账册，进行会计核算，及时提供合法、真实、准确、完整的会计信息。"

（二）依法建账是加强经营管理的客观需要

依法建账不仅是国家法律的强制要求，也是加强单位经营管理的客观需要。建立会计账册是一项非常重要的会计基础工作，只有借助会计账册，才能进行会计信息的收集、整理、加工、储存和提供；也只有通过会计账册，才能连续、系统、全面、综合地反映单位的财务状况和经营成果。依赖会计账册提供的信息，能从本质上揭示一个单位各个环节、各类经济活动的基本状况和存在的问题，使经营管理者能够比较全面地了解和掌握经营情况，及时采取必要的措施弥补不足，克服困难，改善经营管理。所以，建立会计账册也是单位自身的需要。即使是对那些在法律和法规中没有明确要求其建账的单位（虽然这样的单位很少也很小），只要它们有经营活动，特别是有营利性的经营活动，也会有随时了解经营情况、计算经营成果的实际需要，也就有建立会计账册的必要。

建立会计账册会有增加成本费用和需要具备必要的人力资源的问题，但同建立会计账册能为加强经营管理所带来的利益相比，建立会计账册还是值得的。当然，这并不是说，不分单位大小、业务量多少，都要按统一的规格、档次去建立会计账册。正如建立会计账册的需求来自经营管理的实际需要一样，会计账册具体如何建立，应当在法律、法规的范围内，由单位根据自己的实际需要来确定。

六、建账需要注意的问题

建账时要考虑以下问题：

第一，与企业相适应。企业规模与业务量是成正比的，规模大的企业，业务量大，分工也复杂，会计账簿需要的册数也多。规模小的企业，业务量也小，有的企业一个会计可以处理所有经济业务，就没有必要设置许多账簿，所有的明细账可以合成一两本账簿。

第二，依据企业管理需要。建立账簿是为了满足企业管理的需要，为管理提供有用的会计信息，所以在建账时应以满足管理需要为前提，避免重复设账、记账。

第三，依据账务处理程序。企业业务量大小不同，所采用的账务处理程序也不同。企业一旦选择了某种账务处理程序，也就选择了账簿的设置。如果企业采用的是记账凭证账务处理程序，企业的总账就要根据记账凭证序时登记，要准备一本序时登记的总账。

不同的企业在建账时所需要购置的账簿是不相同的，总体来讲，要依企业规模、经济业务的繁简程度、会计人员多少、采用的核算形式及电子化程度来确定。但无论何种企业，都存在货币资金核算问题，现金和银行存款日记账都必须设置。另外，还需设置相关的总账和明细账。所以，当一个企业刚成立时，一定要去会计商店购买这几种账簿和相关账页。需说明的是，明细账有许多账页格式，要选择所需格式的账页，如借贷余三栏式、多栏式、数量金额式等，然后根据明细账的多少选择所需要的封面和装订明细账用的账钉或线。另外，建账初始必须要购置的还有记账凭证（如果该企业现金收付业务量较多，在选择时就可以购买收款凭证、付款凭证、转账凭证；如果企业现金收付业务量较少，购买通用记账凭证也可以）、记账凭证封面、记账凭证汇总表、记账凭证装订线、装订工具。为方便编制报表，还应购买空白资产负债表、利润表（损益表）、现金流量表等相关会计报表。

七、实训资料

1. 公司概况

公司名称：华翔机械有限责任公司

法人代表：张金山

公司地址：山西省临汾市尧都区五一西路 126 号

开户银行及账号：中国工商银行临汾市分行桥东支行 685088096001

纳税人识别号：1906030011167898

2. 初始数据

华翔机械有限责任公司为增值税一般纳税人，2019 年 12 月 31 日有关科目的余额如下表所示。

总账账户余额

单位：元

科目名称	借方余额	科目名称	贷方余额
库存现金	1 500	短期借款	380 000
银行存款	1 280 500	应付票据	150 000
其他货币资金	123 500	应付账款	873 800
交易性金融资产	15 800	其他应付款	50 000
应收票据	240 000	应付职工薪酬	111 050
应收账款	406 000	应交税费	35 600
坏账准备	-900	应付利息	1 000
预付账款	10 000	长期借款	1 150 000
其他应收款	5 000	实收资本	5 500 000
材料采购	225 000	盈余公积	100 000
原材料	754 000	利润分配	60 000
周转材料	185 600		
库存商品	1 378 500		
材料成本差异	36 950		
长期股权投资	295 000		
固定资产	1 595 000		
累计折旧	-400 000		
在建工程	1 500 000		
无形资产	650 000		
长期待摊费用	110 000		
合计	8 411 450	合计	8 411 450

明细账户余额表 金额单位：元

账户名称			借方余额	贷方余额	单位	数量
总账	明细账					
其他货币资金	存出投资款		50 000			
	汇票存款		73 500			
交易性金融资产	山推股份	成本	4 300		股	1 000
		公允价值变动	1 200			
	邯钢股份	成本	10 600		股	1 000
		公允价值变动		300		
应收账款	黄河有限责任公司		386 000			
	东山有限责任公司		4 500			
	凯山煤矿		15 500			
预付账款	山东铝厂		10 000			
原材料	槽帮钢		350 000		吨	100
	铝材		350 000		吨	20
	B型件		54 000		件	540
库存商品	刮板输送机		450 000		台	30
	转载机		900 000		台	500
	铲煤机		28 500		台	23
在建工程	T117机床		282 800			
	A1工程		1 217 200			
应付账款	三星机械制造有限公司			373 800		
	宏发有限责任公司			200 000		
	诚达贸易公司			300 000		
其他应付款	职工教育经费			3 000		
	其他			47 000		
应付职工薪酬	应付工资			111 050		
应交税费	应交增值税	进项税额				
		销项税额		5 600		
	应交所得税			30 000		
利润分配	未分配利润			60 000		

12 月损益类账户累计发生额 单位：元

科目名称	借方发生额	贷方发生额
主营业务收入		13 500 000
业务成本	9 100 000	
税金及附加	30 000	
销售费用	240 000	
管理费用	874 000	
财务费用	265 000	
其他业务收入		132 600
其他业务成本	89 000	
投资收益		42 200
营业外收入		40 000
营业外支出	29 800	
所得税费用	1 090 817	

八、实训任务

根据以上实训资料完成华翔机械有限责任公司 2019 年 1 月 1 日建立账簿的实训任务。

实训七　登记账簿

一、内容提要

会计账簿是以会计凭证为依据，序时地、分类地记载企业、单位全部经济业务的簿籍。它由若干张具有专门格式，并以一定形式相互联结在一起的账页所组成。在会计实务中，设置和登记会计账簿是使会计资料系统化而做的进一步技术处理，账簿记录储备着大量经济信息，是编制会计报表的依据。登记账簿是会计循环的中心环节。

账簿按不同的标准可分为以下不同类别：

（1）账簿按其用途分类，可以分为序时账簿、分类账簿和备查账簿。

1）序时账簿，亦称日记账，是按照经济业务发生的时间先后顺序逐日逐笔登记的账簿。

2）分类账簿，简称分类账，是用来分类登记经济业务的账簿。根据其详细程度不同又可分为总分类账簿和明细分类账簿。总分类账簿，简称总账，是根据一级会计科目设置，反映经济业务总括情况的账簿。明细分类账簿，简称明细账，是根据二级科目或明细科目设置，反映经济业务详细情况的账簿。

3）备查账簿，亦称辅助账，是对某些在总账或明细账未能记载或记载不全的事项进行补充登记的账簿。

(2) 账簿按其外表形式分类，可分为订本式账簿、活页式账簿和卡片式账簿。

1) 订本式账簿是在启用前就把许多已编印页码的账页固定装订在一起的账簿。其优点是能避免账页散失和防止抽换，比较安全。缺点是不便调整各账户页数，也不利于分工记账。

2) 活页式账簿是由若干零散的账页组成的账簿。其优点是可根据实际需要随时增减账页，便于分工记账。缺点是账页容易散失或被抽换，不太安全。

3) 卡片式账簿是由硬纸卡片组成的装在卡片箱内保管备用的账簿。其优缺点与活页式账簿相同。

一般而言，各种会计账簿都应具备封面、扉页、账页和封底四个组成部分。

每个会计主体，都应根据自身经济业务特点和经营管理需要，并结合会计制度要求设置一定种类和数量的账簿，并形成科学严密、简明适用的账簿体系。

账簿启用时，应填制"账簿启用登记表"。

登记账簿应遵守规定的书写要求，做到清晰、规范、及时、准确。总账与明细账应采用平行登记方法。要定期对账、结账、更正错账，保证记账质量。

对账包括账证、账账和账实核对。

结账分为月结和年结。

更正错账的方法主要有划线更正法、红字更正法和补充登记法。

二、实训指导

（一）实训目的

明确账簿的种类和基本结构，熟悉登记账簿的一般要求，掌握会计账簿设置、登记以及对账和结账的基本操作技能。

（二）实训要点

(1) 账簿设置和启用方法。

(2) 账簿登记方法。

(3) 对账和结账方法。

（三）实训操作标准

1. 会计账簿设置

会计账簿设置的要求包括账簿设置种类的要求和账簿设置格式的要求。

(1) 账簿设置种类的要求。

设置账簿要能全面、系统地反映会计主体的经济活动情况，为经营管理提供必要的会计信息，贯彻统一性和灵活性原则。一般情况下，要根据会计制度、管理需要和实际业务来决定账簿设置，同时要考虑本单位所选择的会计核算形式的影响。

在会计实务中，每个会计主体一般都应设置总账、明细账、日记账和备查账。

账簿的设置要求体系完整、组织严密、层次分明，各账簿之间既要有明确分工，互不重复，又要密切联系，互为补充。有关账簿之间要有统属关系或平行制约关系，做到既便于记账，又便于报账和查账，并要注意人力、物力和财力的节约，避免过于烦琐。

（2）账簿设置格式的要求。

账簿设置格式的要求包括账簿装订形式要求和账页格式设计要求。

总账一般应选用订本式，其账页格式应采用三栏式。明细账一般应采用活页式或卡片式，其账页格式可根据需要分别采用三栏式、数量金额式、多栏式等。如"应收账款""应付账款"等债权债务明细账应采用三栏式；"原材料""库存商品"等存货明细账应采用数量金额式；"材料采购""生产成本""管理费用"等成本费用明细账应采用多栏式。

序时账一般应采用订本式，其账页格式可采用三栏式或多栏式。

备查账应采用活页式或卡片式，其账页格式可灵活设计，并注重某项经济业务的发生和注销的记录。

2. 会计账簿启用

在启用账簿时，应在账簿的扉页填列"账簿启用登记表"，详细载明单位名称、账簿名称、账簿编号、账簿页数、启用日期，同时加盖单位公章，并由会计主管人员和记账人员签章。更换记账人员时，应办理交接手续，在交接记录内填写交接日期和交接人、监交人姓名，加盖名章。

在启用账簿时，还应填写"账户目录表"。总账账户按照科目编号和科目名称填列，写明各自的起讫页数。明细账户除按照科目编号和科目名称填列外，还要填明所属明细账户名称。若采用的是活页式账簿，可在定期装订后再按实际使用的账页顺序编制页数进行填列。在建账或结转新账时，应根据需要选择或确定会计科目及明细科目，并在账簿的账页上开设账户。在账页眉线上的有关位置要注明账户名称，然后登记期初余额。在账页右侧，按鱼鳞参差形式粘贴上口取纸，标明账户名称，以便日后查找。每个账户都应留有所需的账页数，既不能少，造成不够使用；也不能多，造成浪费。

3. 会计账簿登记

现金日记账和银行存款日记账应由出纳人员根据审核无误的收付款凭证逐日逐笔按顺序登记，每日终了，计算出余额。

总账由会计人员登记，其登记的依据取决于所采用的会计核算形式。采用记账凭证会计核算形式的，直接根据记账凭证登记；采用汇总记账凭证会计核算形式的，根据汇总记账凭证登记；采用科目汇总表会计核算形式的，根据科目汇总表登记。

明细账的登记方法，应根据各会计主体所记录的经济业务内容、业务量多少和经营管理上的要求而定。一般来说，应根据原始凭证、原始凭证汇总表或记账凭证逐笔进行登记，也可以逐日或定期汇总登记。

备查账一般根据有关资料予以登记，如会计制度有具体规定的，则从其规定。

登记会计账簿的具体规则和要求如下：

（1）要根据审核无误的记账凭证记账。登记时，要对准一级科目及明细科目，将记账凭证的日期、编号、摘要、借贷方金额和其他有关资料一一记入账内，要求做到清晰、准确、一丝不苟，谨防串户、反向或看错、写错数字。登毕后，要同时在记账凭证上注明账簿页数，或注明已经登记的符号"√"，以免重记、漏记，并且要在记账凭证上签名或盖章，以示负责。

为了保持美观，每一页的第一笔业务的年、月应在"年""月"栏中填写。以后再登记本页时，只要不跨年度或月度，一律不填月份，只填日期。跨月登记时，应在上月的月结线下的月份栏内填写新的月份。

（2）记账时，必须用钢笔或签字笔和蓝色或黑色墨水书写，不得使用铅笔或圆珠笔。账簿记录发生错误时，不准涂改、挖补、刮擦或用褪色药水更改字迹，必须按规定方法更正。红色墨水只能在下列情况下使用：

1）按照红字冲账的记账规则，冲销错误记录；

2）在只设借方栏的多栏式账页中，登记贷方发生额；

3）在账户的余额栏前，如未印明余额的方向（借或贷），在余额栏内登记负数余额；

4）结账划线或按规定用红字登记的其他记录。

（3）记账时，文字和数字都不能顶格书写，摘要的文字要紧靠左边和底线书写，阿拉伯数字要在相应栏次并紧靠底线书写，数字的高度约占格宽的二分之一或三分之二，除"6"可以略高、"7"和"9"可以略微下延以外，其余数字不得越格，应向右倾斜45度至60度。

（4）记账时，不得跳行、隔页，应按规定的页次逐行、逐页按顺序连续登记。如不慎出现跳行、隔页，应将空行用斜线注销或用"此行空白"字样注销；将空页用"×"符号注销或用"此页空白"字样注销，并在空页的"×"符号交叉处盖章。对订本式账簿不得任意撕毁，对活页式账簿也不得任意抽换账页。

（5）账页记满时，应办理转页手续。每一账页登记完毕结转下页时，应结出本页的借贷方发生额和余额，写在本页最后一行和下页第一行有关栏内，并在摘要栏内分别注明"过次页"和"承前页"字样。对不需加计发生额的账户，可只把每页末的余额转入次页第一行余额栏内，并在摘要栏内注明"承前页"即可。具体办法是：第一，需要结计本月发生额的账户，结计"过次页"的本页合计数应为本月初至本页末止的发生额合计数；第二，不需要结计本月发生额但需要结计全年累计数的账户，结计"过次页"的本页合计数应为自年初至本页末止的累计数；第三，对某些既不需要结计当月发生额也不需要结计全年累计发生额的账户，可以将每页末余额直接结转次页，但为了验证月末余额的计算是否正确，可以用铅笔结出每页的发生额，这个合计数不占正式空格，写在底线下边。

（6）有"借方""贷方""余额"栏的账户，应按规定时间结出余额，并按余额的实际情况在"借或贷"栏内写明"借"或"贷"字样；如果该账户已结平、无余额，则应在"借或贷"栏内写上"平"字，并在余额栏"元"字栏内写"0"或"θ"符号。

（7）登记银行存款日记账时，除了年、月、日，摘要，凭证号码之外，还须在特定栏内注明原始凭证的种类和号码，以满足与银行对账的要求。如"现支××号""信汇××号"和"转支××号"等。

（8）为了防止在账簿记录中更正错误引起连锁反应，即一个数字改动了，与之有关的其他数字都要随之改动，除月末和转页这两种情况外，平常登记账簿时，可以暂不用钢笔或签字笔结计余额，若需随时了解余额，可用铅笔临时登记"余额"栏数字，待核实无误后，再用钢笔补填。

三、实训资料

曙光公司10月末原材料总分类账户的余额为527 200元。其中：甲种材料6 400千克，每千克140元，计896 000元，乙种材料880千克，每千克180元，计158 400元；

应付账款总分类账户的余额为 160 000 元，其中：红星工厂 90 000 元，红光工厂 70 000 元。该公司 11 月份发生的部分经济业务如下：

（1）11 月 3 日，从红星工厂购入甲种材料 2 000 千克，计 280 000 元；乙种材料 1 000 千克，计 180 000 元。货款尚未支付。

（2）11 月 5 日，以银行存款支付上月应付红星工厂材料款 90 000 元。

（3）11 月 6 日，从红光工厂购入乙种材料 1 400 千克，计 252 000 元，货款尚未支付。

（4）11 月 8 日，以银行存款支付上月应付红光工厂材料款 70 000 元。

（5）11 月 13 日，车间领用甲种材料 1 100 千克，计 154 000 元；乙种材料 1 900 千克，计 342 000 元。

（6）11 月 16 日，以银行存款支付 11 月 3 日应付红星工厂材料款 460 000 元及 11 月 6 日应付红光工厂材料款 252 000 元。

（7）11 月 24 日，生产产品领用甲种材料 2 800 千克，计 392 000 元；乙种材料 400 千克，计 72 000 元。

（8）11 月 27 日，从红光工厂购入甲种材料 2 400 千克，计 336 000 元，货款尚未支付。

（9）11 月 28 日，生产产品领用甲种材料 2 700 千克，计 378 000 元。

（10）11 月 29 日，从红光工厂购入甲种材料 1 700 千克，计 238 000 元，货款尚未支付。

四、实训要求

（1）根据资料开设有关总分类账户及明细分类账户，并登记期初余额。
（2）根据资料编制会计分录。
（3）根据会计分录按业务发生日期依次登记总分类账户及明细分类账户。
（4）结出各总分类账户及明细分类账户的本期发生额及期末余额，并进行原材料和应付账款总分类账户与明细分类账户的核对。

实训八　错账更正

一、实训目标

了解错账的种类，掌握不同错账更正方法的适用情况，会运用划线更正法、红字冲销法、补充登记法更正错账。

二、内容提要

如果发现账簿记录有错误，应按规定的方法进行更正，不得涂改、挖补或用化学试剂消除字迹。错账的更正方法有下述三种。

（一）划线更正法

划线更正法又称红线更正法。如果发现账簿记录有错误，而其所依据的记账凭证没有错误，即纯属记账时文字或数字的笔误，应采用划线更正法进行更正。更正的方法如下：

（1）将错误的文字或数字划一条红色横线注销，但必须使原有字迹仍可辨认，以备查找。

（2）在划线的上方用蓝字或黑字将正确的文字或数字填写在同一行的上方位置，并由更正人员在更正处盖章，以明确责任。

（二）红字更正法

红字更正法又称红字冲销法。在会计上，以红字记录表明对原记录的冲减。红字更正法适用于以下两种情况：

（1）根据记账凭证所记录的内容记账以后，若发现记账凭证中的应借、应贷会计科目或记账方向有错误，且记账凭证同账簿记录的金额相吻合，应采用红字更正法。更正的方法如下：

1）先用红字填制一张与原错误记账凭证内容完全相同的记账凭证，并据以用红字登记入账，冲销原有错误的账簿记录。

2）再用蓝字或黑字填制一张正确的记账凭证，并据以用蓝字或黑字登记入账。

（2）根据记账凭证所记录的内容记账以后，若发现记账凭证中应借、应贷的会计科目和记账方向都没有错误，记账凭证和账簿记录的金额也吻合，只是所记金额大于应记的正确金额，应采用红字更正法。更正的方法是将多记的金额用红字填制一张与原错误记账凭证所记载的借贷方向、应借应贷会计科目相同的记账凭证，并据以登记入账，以冲销多记金额，求得正确金额。

如果记账凭证所记录的文字、金额与账簿记录的文字、金额不符，应首先采用划线更正法更正，然后用红字冲销法更正。

（三）补充登记法

补充登记法又称蓝字补记法。根据记账凭证所记录的内容记账以后，若发现记账凭证中应借、应贷的会计科目和记账方向都没有错误，记账凭证和账簿记录的金额也吻合，只是所记金额小于应记的正确金额，应采用补充登记法。更正的方法是将少记的金额用蓝字或黑字填制一张与原错误记账凭证所记载的借贷方向、应借应贷会计科目相同的记账凭证，并据以登记入账，以补记少记金额，求得正确金额。

如果记账凭证中所记录的文字、金额与账簿记录的文字、金额不符，应首先采用划线更正法更正，然后用补充登记法更正。

三、实训资料

华翔机械厂 2019 年 5 月上旬发生的错账：

（1）6 日，根据记账凭证登记现金日记账时，将"购入办公用品"误记为"构入办公用品"，并将贷方金额 24 元误记为 2.40 元。此错账当即发现。

（2）6 日，根据记账凭证登记现金日记账时，将应记入借方的金额 60 元误记入贷方，余额也结错。此错账于本日账实核对时发现。

（3）7 日，张英预借差旅费 200 元，以现金支付，填制记账凭证时，误写应借科目为管理费用，并已记入有关日记账和明细账。此错账于 10 日结算现金日记账余额时发现。

（4）8 日，收到锦州电机厂货款 4 500 元，存入银行。填制记账凭证时，将金额误写为 5 400 元，并已记入有关日记账和明细账。此错账于 12 日银行存款日记账与银行对账单核对时发现。

（5）10 日，收到锦州电机厂货款 3 200 元，存入银行。填制记账凭证时，将金额误写为 2 300 元，并已记入有关日记账和明细账。此错账于 12 日银行存款日记账与银行对账单核对时发现。

四、实训任务

更正上述错账。

实训九 对账和结账

一、对账的基本要求

（一）账证核对相符

账证核对相符，即各种账簿记录要与有关的记账凭证和原始凭证核对相符。

（二）账账核对相符

账账核对相符，即各种账簿之间有钩稽关系的记录要核对相符。如总分类账户的期末借方余额合计数与期末贷方余额合计数要核对相符；现金和银行存款日记账期末余额要分别与现金和银行存款总账的期末余额核对相符；总分类账户期末余额要与其所属明细分类账户期末余额核对相符；会计部门财产物资明细账要与实物保管和使用部门有关财产物资明细账的期末余额核对相符。

（三）账实核对相符

账实核对相符，即各财产物资明细账的账面余额与实存数额之间要核对相符。如现金日记账每日余额应与实际库存现金数核对相符；银行存款日记账的账面余额应与银行对账单每月核对相符；原材料等存货明细账期末余额及固定资产账面余额应与其实有数量核对相符；债权债务明细账余额应与有关单位核对相符。

二、结账的方法和要求

(一) 及时结账

现金和银行存款日记账、债权债务类、材料、产品等明细账应随登记入账时间结出余额;总账和其他明细账可到月终时结出余额。现金和银行存款日记账、产品(商品)账、费用(不含多栏式)账等应在每月记完最后一笔账时,结出本月发生额的合计数;损益、利润等明细账除应每月结计发生额合计数外,还应按月结出年初起至本月止的累计发生额;总分类账应在年度终了结计出全部发生额合计数。不得为赶编报表而提前结账,也不得先编报表后结账。

(二) 正确做出结账标记

在会计实务中,结账一般采用划线结账的方法。结账时,有些账户不需要结算本期发生额,月末只需在最后一笔账目记录的数字下端划一条单红线即可。年终在最后一笔账目记录的数字下端划双红线,并在摘要栏注明"结转下年"字样。有些账户需要结算本期发生额,则应分别结出月份、年度的发生额,其结账方法如下:

(1) 月结。应先在各账户本月份最后一笔账目下端划一条通栏单红线,在红线下用蓝字或黑字结出本月借方、贷方发生额和月末余额,并在摘要栏内注明"本月发生额及余额"或"本月合计"字样,然后在下面划一条通栏单红线。对本月份没有发生额的账户,不需要办理月结手续。

(2) 年结。办理年结时,应在 12 月份月结数字下,结算填列全年 12 个月的发生额及年末余额,并在摘要栏内注明"本年合计"或"本年发生额及余额"字样;然后将年初借(或贷)方余额列入下一行借(或贷)方栏内,并在摘要栏内注明"年初余额"字样;将年末借(或贷)方余额,列入再下一行的贷(或借)方栏内,并在摘要栏内注明"结转下年"字样;最后加总借贷两方合计数(借贷双方的合计数应平衡)并填列在最末一行,在摘要栏内注明"借贷合计"字样,同时在合计数下划两条通栏红线,表示封账。

三、会计账簿更换

总分类账和日记账必须每年更换一次。绝大多数明细分类账也应每年更换一次,但有些明细分类账,如"固定资产"明细账、"低值易耗品"明细账等则不必每年更换,可以连续使用。

在更换新账簿时,应将上年度年末余额直接记入新年度启用的有关新账户中去,一般不编制记账凭证。在新账第一行余额栏内填写上年结转的余额,并在摘要栏注明"上年结转"字样。

项目四

试算平衡表

实训十　试算平衡表的编制

一、试算平衡

所谓试算平衡，就是根据借贷记账法的"有借必有贷，借贷必相等"的平衡原理，检查和验证账户记录正确性的一种方法。

试算平衡工作是通过编制试算平衡表完成的。编制试算平衡表，是为了在结计利润以前及时发现错误并予以更正。同时，由于试算平衡表汇集了各账户的资料，因此依据试算平衡表编制会计报表将比直接依据分类账编制会计报表更为方便，对于拥有大量分类账的企业尤其如此。

二、试算平衡表的编制

试算平衡表可定期或不定期地编制，它是企业经常性的会计工作之一。因为试算平衡表使用频繁，所以企业大多事先印好企业名称、试算平衡表名称、账户名称，实际编制时只要填入各账户余额或发生额并予以汇总即可。借贷记账法的试算平衡有账户发生额试算平衡和账户余额试算平衡两种，前者是以借贷记账法的记账规则为依据的，后者是以资产等于权益（负债与所有者权益）的会计等式为依据的。试算平衡表一般设为六栏，既可以进行总分类账户本期发生额的试算平衡，又可以进行总分类账户期初余额和期末余额的试算平衡。

把一定时期例如一个月或一个年度的各项经济业务，按照"有借必有贷，借贷必相等"的记账规则做成会计分录，并全部登入总账以后，如果不发生错误，那么，每一笔会计分录中的借贷两方金额及全部账户中借方发生额合计和贷方发生额合计都应自动保持平衡。在此基础上，企业便可以结计本期利润，编制会计报表。

试算平衡表可以分为两种，一种是将本期发生额和期末余额分别编制列表；另一种是将本期发生额和期末余额合并在一张表上进行试算平衡。

三、编制方法

（一）账户发生额试算平衡法

账户发生额试算平衡法是以本期全部账户的借方发生额合计数和贷方发生额合计数是否相等来检验账户记录正确性的一种试算平衡方法。其平衡公式如下：

全部账户本期借方发生额合计＝全部账户本期贷方发生额合计

根据借贷记账法"有借必有贷，借贷必相等"的记账规则，每一笔经济业务的会计分录，其借贷两方的发生额必然是相等的。一定时期内，所有账户的借方发生额合计数和贷方发生额合计数，分别是所有经济业务的会计分录的借方发生额和贷方发生额的累计。因此，将一定时期内的全部经济业务的会计分录全部登账后，所有账户的本期借方发生额和本期贷方发生额的合计数也必然相等。

（二）账户余额试算平衡法

账户余额试算平衡法是以全部账户期末的借方余额合计数和贷方余额合计数是否相等来检验账户记录正确性的一种试算平衡方法。其平衡公式如下：

全部账户的借方余额合计＝全部账户的贷方余额合计

根据借贷记账法的账户结构可知，所有账户的借方余额之和是资产的合计数，所有账户的贷方余额是权益的合计数，资产必然等于权益，因此，所有账户的期末借方余额合计数必然等于期末贷方余额合计数。

如果试算平衡表借方余额合计数和贷方余额合计数不相等，说明肯定存在错误，应当予以查明纠正。一般地，首先应检查试算平衡表本身有无差错，即借方余额和贷方余额的合计数有无漏加或错加。如果试算平衡表本身没有计算错误，就需用下列方法依次进行检查，直至找出错误为止。

（1）检查全部账户是否都已列入试算平衡表，并检查各个账户的发生额和期末余额是否都已正确地抄入试算平衡表。

（2）复核各个账户的发生额和期末余额是否计算正确。

（3）追查由记账凭证转记分类账的过程，核对后应在已核对数旁做核对记号。追查结束后，再检查一下记账凭证、分类账上有无未核对的金额。追查记账过程时，不仅要注意金额是否无误，而且要核对过账时借方和贷方有无错置。

（4）核实记账凭证编制是否正确，有无记账方向差错、违反"有借必有贷，借贷必相等"的记账规则，排除凭证编制错误。

通过上述检查，一般来说，错误可以查出。

试算平衡后，只能说明总分类账的登记基本正确，不能保证绝对正确。

如果试算平衡表借方余额合计数和贷方余额合计数相等，并不一定表示账户处理完全正确。有些错误的发生不会导致试算平衡表中各账户借方余额合计数与贷方余额合计数的失衡。这些错误包括：（1）借贷双方发生同等金额的记录错误。（2）全部漏记或重复记录同一项经济业务。（3）账户记录发生借贷方向错误。（4）用错有关账户名称。这些错误需要用其他方法进行查找。

四、编制步骤

第一步：期末把全部账户应记录的经济业务登记入账，并计算出各账户本期借方发生额、贷方发生额和期末余额。

第二步：编制总分类账户本期发生额及余额表。

五、实训内容

（一）实训资料

黄河公司 2020 年 6 月 30 日资产、负债及所有者权益各账户的期末余额如下表所示。

账户余额表　　　　　　　　　　　　　　　　　金额单位：元

账户名称	借方余额	账户名称	贷方余额
库存现金	2 500	短期借款	41 500
银行存款	70 000	应付账款	38 000
应收账款	25 000	应交税费	13 000
库存商品	58 500	实收资本	305 500
原材料	62 000		
固定资产	180 000		
合计	398 000	合计	398 000

2020 年 7 月，该公司发生以下业务：

（1）1 日，投资者继续投入货币资金 200 000 元，手续已办妥，款项已转入本公司的存款户头。

（2）5 日，向新乐公司购买所需原材料，但由于资金周转紧张，料款 70 000 元尚未支付。

（3）7 日，以银行存款支付上月未缴税款 13 000 元。

（4）15 日，通过银行转账支付给银行于本月到期的流动资金银行借款 30 000 元。

（5）17 日，开出转账支票 40 000 元，购买 1 台电子仪器。

（6）21 日，生产产品领用材料一批，价值 12 000 元。

（7）25 日，职工出差预借差旅费 1 500 元，以现金支付。

（8）28 日，收到恒大公司前欠货款 20 000 元，存入银行。

（二）实训要求

（1）编制上述业务的会计分录。

（2）做 T 形账。

（3）编制该企业 2020 年 7 月份的试算平衡表。

试算平衡表

年　月　日　　　　　　　　　　　　　　　　金额单位：

账户名称	期初余额		本期发生额		期末余额	
	借方	贷方	借方	贷方	借方	贷方
合计						

项目五

财务报表

实训十一　资产负债表的编制

一、实训目的

了解资产负债表的编制要求，了解资产负债表的作用，掌握资产负债表的格式、项目和填列规则，会编制资产负债表。

二、实训资料

实训六的总账余额。

三、实训要求

根据实训六的账户记录，编制华翔机械有限责任公司 2019 年 12 月 31 日的资产负债表。

资产负债表

编制单位：　　　　　　　　　　　　　年　月　日　　　　　　　　　　　　单位：元

资产	行次	期末余额	年初余额	负债及所有者权益	行次	期末余额	年初余额
流动资产：				流动负债：			
货币资金	1			短期借款	31		
短期投资	2			应付票据	32		
应收票据	3			应付账款	33		
应收账款	4			预收账款	34		
预付账款	5			应付职工薪酬	35		
应收股利	6			应交税费	36		

续表

资产	行次	期末余额	年初余额	负债及所有者权益	行次	期末余额	年初余额
应收利息	7			应付利息	37		
其他应收款	8			应付股利	38		
存货	9			其他应付款	39		
其中：原材料	10			其他流动负债	40		
在产品	11			流动负债合计	41		
库存商品	12			非流动负债：			
周转材料	13			长期借款	42		
其他流动资产	14			长期应付款	43		
流动资产合计	15			递延收益	44		
非流动资产：				其他非流动负债	45		
长期债券投资	16			非流动负债合计	46		
长期股权投资	17			负债合计	47		
固定资产原价	18			所有者权益：			
减：累计折旧	19			实收资本	48		
固定资产账面价值	20			资本公积	49		
在建工程	21			盈余公积	50		
工程物资	22			未分配利润	51		
固定资产清理	23			所有者权益合计	52		
生产性生物资产	24						
无形资产	25						
开发支出	26						
长期待摊费用	27						
其他非流动资产	28						
非流动资产合计	29						
资产总计	30			负债和所有者权益总计	53		

实训十二　利润表的编制

一、实训目的

　　了解利润表的编报要求，了解利润表的作用，掌握利润表的格式、项目和填制规则，会编制利润表。

二、实训资料

实训六的损益类账户余额。

三、实训要求

根据实训六的账户记录，编制华翔机械有限责任公司 2019 年 12 月份利润表。

利润表

编制单位：　　　　　　　　　　　　　　　年　月　　　　　　　　　　　　　　　单位：元

项目	本月数	本年累计数（略）
一、营业收入		
减：营业成本		
税金及附加		
管理费用		
销售费用		
财务费用		
资产减值损失		
加：公允价值变动收益		
投资收益		
二、营业利润		
加：营业外收入		
减：营业外支出		
三、利润总额		
减：所得税费用		
四、净利润		

项目六

账务处理程序

实训十三　科目汇总表账务处理程序

一、实训目的

了解账务处理程序的种类，掌握科目汇总表账务处理程序的一般步骤，会编制科目汇总表。

二、实训资料

依据记账凭证，将某公司业务涉及所有科目的借方发生额和贷方发生额汇总填入科目汇总表，具体如下。

科目汇总表

编号：5　　　　　　　2020 年 5 月 1 日至 2020 年 5 月 31 日　　　　　　　单位：元

会计科目	账目页数	本期发生额		记账凭证起讫号数
		借方	贷方	
银行存款		23 400	22 560	
库存现金		20 000	20 000	
材料采购		14 100	14 100	
原材料		28 490	7 050	银行收款凭证 1 银行付款凭证 1～3 现金付款凭证 1 转账凭证 1～10
库存商品		27 290	18 600	
生产成本			28 490	
累计折旧		2 380	3 000	
应交税费		24 360	3 400	
本年利润			20 000	

续表

会计科目	账目页数	本期发生额		记账凭证起讫号数
		借方	贷方	
应付职工薪酬		20 000	22 800	
制造费用		8 840	8 840	
主营业务成本		18 600	18 600	
管理费用		5 560	5 560	
销售费用		200	200	
主营业务收入		20 000	20 000	
合计		213 220	213 220	

三、实训任务

根据以上科目汇总表登记生产成本和银行存款总分类账。

生产成本（总账）

2020 年		凭证号数		摘要	借方	贷方	借或贷	余额
月	日	字	号					
5	1			期初余额			借	1 200

银行存款（总账）

2020 年		凭证号数		摘要	借方	贷方	借或贷	余额
月	日	字	号					
5	1			期初余额			借	21 000

项目七

财产清查

实训十四　现金清查

一、实训内容

现金清查发现的有待查明原因的现金短缺或溢余，应先通过"待处理财产损溢"科目核算。待查明原因后做如下处理：

（1）如为现金短缺，属于应由责任人赔偿或保险公司赔偿的部分，记入"其他应收款"账户；属于无法查明原因的，记入"管理费用——现金短缺"账户。

（2）如为现金溢余，属于应支付给有关人员或单位的，记入"其他应付款"账户；属于无法查明原因的，记入"营业外收入——现金溢余"账户。

盘盈（现金长款）	
发现时	查明原因处理时
借：库存现金 　　贷：待处理财产损溢——待处理流动资产损溢	借：待处理财产损溢 　　贷：其他应付款（欠其他单位个人的） 　　　　营业外收入（无法查明原因的）
盘亏（现金短款）	
发现时	查明原因处理时
借：待处理财产损溢 　　贷：库存现金	借：管理费用（无法查明原因） 　　　其他应收款（责任人赔款部分） 　　贷：待处理财产损溢

二、实训资料及要求

（一）实训目的

了解现金清查及其账务处理。

（二）实训资料

（1）2019 年 6 月 29 日，天河公司在现金清查中发现现金短缺 500 元。库存现金盘点报告表如下表所示（报账联略）。6 月 30 日，上述现金短款经查属于出纳员少收款造成。

库存现金盘点报告表（批复联）

单位名称：天河公司　　　　　　　　2019 年 6 月 29 日　　　　　　　　单位：元

实存金额	账存金额	对比结果		备注
		盘盈	盘亏	
3 300	3 800		500	出纳员少收款造成
现金使用情况	（1）库存现金限额：4 000 （2）白条抵库情况： （3）违规现金支出情况： （4）其他违规行为：			
处理决定	上述现金短缺为出纳员失职造成，由出纳员赵林赔偿。 　　　　同意　　　　　　　总经理：赵勇			

会计机构负责人：李凯　　　　　盘点人员签章：张红　　　　　出纳员签章：赵林

（2）2019 年 12 月 29 日，天河公司在现金清查中发现现金溢余 400 元，并有一笔支付给光华厂的货款 20 000 元为现金支付。12 月 30 日，经公司经理会议批准，无法查明原因的 400 元溢余款作为企业利得。库存现金盘点报告表如下表所示（报账联略）。

库存现金盘点报告表（批复联）

单位名称：天河公司　　　　　　　　2019 年 12 月 29 日　　　　　　　　单位：元

实存金额	账存金额	对比结果		备注
		盘盈	盘亏	
3 800	3 400	400		无法查明原因
现金使用情况	（1）库存现金限额：4 000 （2）白条抵库情况： （3）违规现金支出情况：本月支付给光明厂货款 20 000 元为现金支付。 （4）其他违规行为：			
处理决定	无法查明原因的 400 元溢余款作为企业利得。 　　　　同意　　　　　　　总经理：赵勇			

会计机构负责人：李凯　　　　　盘点人员签章：张红　　　　　出纳员签章：赵林

（三）实训任务

根据上述两张库存现金盘点报告表填制记账凭证。

实训十五　银行存款清查

一、实训内容

银行存款余额调节表，是在银行对账单余额与企业账面余额的基础上，各自加上对方已收、本单位未收账项数额，减去对方已付、本单位未付账项数额，以调整双方余额使其一致的一种调节方法。银行存款余额调节表的编制方法有 3 种，其计算公式如下：

$$\text{企业账面存款余额} = \text{银行对账单存款余额} + \text{企业已收而银行未收款项} - \text{企业已付而银行未付款项} + \text{银行已付而企业未付款项} - \text{银行已收而企业未收款项}$$

$$\text{银行对账单存款余额} = \text{企业账面存款余额} + \text{企业已付而银行未付款项} - \text{企业已收而银行未收账项} + \text{银行已收而企业未收款项} - \text{银行已付而企业未付款项}$$

$$\text{银行对账单存款余额} + \text{企业已收而银行未收款项} - \text{企业已付而银行未付款项} = \text{企业账面存款余额} + \text{银行已收而企业未收款项} - \text{银行已付而企业未付款项}$$

通过核对调节，如果银行存款余额调节表上的双方余额相等，一般可以说明双方记账没有差错。如果经调节仍不相等，要么是未达账项未全部查出，要么是一方或双方记账出现差错，需要进一步采用对账方法查明原因，加以更正。调节相等后的银行存款余额是当日可以动用的银行存款实有数。对于银行已经划账，而企业尚未入账的未达账项，要待银行结算凭证到达后，才能据以入账，不能以银行存款调节表作为记账依据。

二、实训资料及要求

（一）实训目的

掌握银行存款清查及银行存款余额调节表的编制方法。

（二）实训资料

2019 年 12 月 31 日，黄河公司银行存款日记账和银行对账单如下所示，要求对天河公司本月银行存款进行清查。

黄河公司银行存款日记账

2019 年		凭证号数		摘要	结算凭证		借方	贷方	余额
月	日	字	号		类	号			
12	1			期初余额					35 000
12	5			付购机器款				32 500√	
12	6			付运费				500√	
12	7			收销货款			33 600√		
12	10			付购料款				16 400	
12	15			付维修费				200	
12	20			收销货款			15 050		34 050

中国工商银行客户存款对账单

账号：　　　　　　　　　　　　　　　　　　　　　　　　　　　　开户单位：黄河公司

2019 年		摘要	结算凭证	借方	贷方	余额
月	日					
12	1	期初余额				35 000
12	7	收销货款			33 600√	
12	8	大额支付来账		32 500√		
12	8	大额支付来账		500√		
12	13	付水电费			3 300	
12	21	存款利息			310	
12	25	代收货款			8 000	
12	30	委付		26 800		13 810

（三）实训任务

根据上述资料编制黄河公司银行存款余额调节表。

黄河公司银行存款余额调节表

2019 年 12 月 31 日

单位：元

项目	金额	项目	金额
银行存款日记账余额		银行对账单余额	
加：银行已收，企业未收		加：企业已收，银行未收	
减：银行已付，企业未付		减：企业已付，银行未付	
调节后存款余额		调节后存款余额	

实训十六 存货与固定资产清查

一、实训目的

练习存货、固定资产清查结果的账务处理。

二、实训资料

2019 年 12 月 29 日，黄河公司在财产清查过程中发现盘亏甲材料 20 千克，单价 10 元；盘盈乙材料 50 千克，单价 5 元；盘亏丁材料 1 000 千克，单价 8 元；盘盈手提电脑两台，取得成本为 4 000 元（假定不考虑税费）。相关原始凭证如下所示。

盘存单

单位名称：黄河公司
财产类别：原材料
盘点时间：2019 年 12 月 29 日   材料编号：1001
                                                                      存放地点：1#仓库

编号	名称	计量单位	数量	单价	金额	备注
1001	甲材料		5 000	10	50 000	

盘点人签章：李红   实物保管人签章：王伟

盘存单

单位名称：黄河公司
财产类别：原材料
盘点时间：2019 年 12 月 29 日   材料编号：1002
                                                                      存放地点：1#仓库

编号	名称	计量单位	数量	单价	金额	备注
1002	乙材料	千克	800	5	4 000	

盘点人签章：李红   实物保管人签章：王伟

盘存单

单位名称：黄河公司
财产类别：原材料
盘点时间：2019 年 12 月 29 日   材料编号：1004
                                                                      存放地点：2#仓库

编号	名称	计量单位	数量	单价	金额	备注
1004	丁材料	千克	9 000	8	72 000	

盘点人签章：李红   实物保管人签章：王伟

实存账存对比表（报账联）

单位名称：黄河公司　　　　　　　　　　2019 年 12 月 30 日

编号	类别名称	计量单位	单价	实存		账存		对比结果				备注
								盘盈		盘亏		
				数量	金额	数量	金额	数量	金额	数量	金额	
1001	甲材料	千克	10	4 980	49 800	5 000	50 000			20	200	责任人

处理决定：

　　上述盘亏属于仓库保管员王斌过失所致，由责任人赔偿。

总经理：

审核人：赵凯　　　　　　　　　　　　　　　　制表人：刘冬

实存账存对比表（报账联）

单位名称：黄河公司　　　　　　　　　　2019 年 12 月 30 日

编号	类别名称	计量单位	单价	实存		账存		对比结果				备注
								盘盈		盘亏		
				数量	金额	数量	金额	数量	金额	数量	金额	
1002	乙材料	千克	5	850	4 250	800	4 000	50	250			计量

处理决定：

　　上述盘盈属于计量原因所致，冲销管理费用。

总经理：

审核人：赵凯　　　　　　　　　　　　　　　　制表人：刘冬

实存账存对比表（报账联）

单位名称：黄河公司　　　　　　　　　　2019 年 12 月 30 日

编号	类别名称	计量单位	单价	实存		账存		对比结果				备注
								盘盈		盘亏		
				数量	金额	数量	金额	数量	金额	数量	金额	
1004	丁材料	千克	8	8 000	64 000	9 000	72 000			1 000	8 000	水灾

处理决定：

　　上述盘亏属于水灾所致，计入营业外支出。

总经理：

审核人：赵凯　　　　　　　　　　　　　　　　制表人：刘冬

实存账存对比表（批复联）

单位名称：黄河公司　　　　　　　　　　2019 年 12 月 30 日

编号	类别名称	计量单位	单价	实存		账存		对比结果				备注
								盘盈		盘亏		
				数量	金额	数量	金额	数量	金额	数量	金额	
1001	甲材料	千克	10	4 980	49 800	5 000	50 000			20	200	责任人

处理决定：
　　上述盘亏属于仓库保管员王斌过失所致，由责任人赔偿。
　　同意

总经理：赵勇

审核人：赵凯　　　　　　　　　　　　　　　　　制表人：刘冬

实存账存对比表（批复联）

单位名称：黄河公司　　　　　　　　　　2019 年 12 月 30 日

编号	类别名称	计量单位	单价	实存		账存		对比结果				备注
								盘盈		盘亏		
				数量	金额	数量	金额	数量	金额	数量	金额	
1002	乙材料	千克	5	850	4 250	800	4 000	50	250			计量

处理决定：
　　上述盘盈属于计量原因所致，冲销管理费用。
　　同意

总经理：赵勇

审核人：赵凯　　　　　　　　　　　　　　　　　制表人：刘冬

实存账存对比表（批复联）

单位名称：黄河公司　　　　　　　　　　2019 年 12 月 30 日

编号	类别名称	计量单位	单价	实存		账存		对比结果				备注
								盘盈		盘亏		
				数量	金额	数量	金额	数量	金额	数量	金额	
1004	丁材料	千克	8	8 000	64 000	9 000	72 000			1 000	8 000	水灾

处理决定：
　　上述盘亏属于水灾所致，计入营业外支出。
　　同意

总经理：赵勇

审核人：赵凯　　　　　　　　　　　　　　　　　制表人：刘冬

固定资产实存账存对比表（报账联）

单位名称：黄河公司　　　　　　　　2019 年 12 月 30 日

部门：　　　　　　　类别：　□ 建筑物及附属设备　　□ 机器设备及附属设备
　　　　　　　　　　　　　　□ 交通运输设备　　　□ 办公设备　　　　□ 其他设备

设备名称	单位	取得日期			取得成本	账列数量	盘点数量	盘点差异	备注
		年	月	日					
手提电脑	台	2019	10	1	4 000	1	3	2	七成新

处理决定：
　　上述盘盈属于漏记所致，计入待处理财产损溢。

　　　　　　　　　　　　　　　　　　　　　　总经理：

审核人：赵凯　　　　　　　　　　　　　制表人：刘冬

三、实训任务

　　根据实存账存对比表（批复联）及实存账存对比表（报账联），调整账面记录，填制记账凭证。

项目八

会计档案

实训十七　装订和保管会计档案

一、实训目的

掌握会计凭证的装订方法。

二、实训资料

项目二填制的各种记账凭证及其所附原始凭证。

三、实训要求

根据上述资料，按科目汇总表核算形式的要求装订会计凭证。

四、实训准备

准备会计凭证封皮、铁夹、铁锥、针线和胶水。

五、实训内容

（一）凭证的整理

会计凭证登记完毕后，应将记账凭证连同所附的原始凭证或者原始凭证汇总表，按照编号顺序折叠整齐，准备装订。会计凭证在装订之前，必须进行适当的整理，以便于装订。

会计凭证的整理，主要是对记账凭证所附的原始凭证进行整理。会计实务中收到的原始凭证纸张往往大小不一，因此，需要按照记账凭证的大小进行折叠或粘贴。通常，对面积大于记账凭证的原始凭证采用折叠的方法，按照记账凭证的面积尺寸，将原始凭证先自右向左，再自下向上两次折叠。折叠时应注意将凭证的左上角或左侧面空出，以便于装订后的展开查阅。对于纸张面积过小的原始凭证，则采用粘贴的方法，即按一定次序和类别将原始凭证粘贴在一张与记账凭证大小相同的白纸上。粘贴时要注意，应尽量将同类、同金额的单据粘在一起；如果是板状票证，可以将票面票底轻轻撕开，厚纸板弃之不用；粘贴完成后，应在白纸一旁注明原始凭证的张数和合计金额。对于纸张面积略小于记账凭证的原始凭证，则可以用回形针或大头针别在记账凭证的后面，待装订凭证时，抽去回形针或大头针。

对于数量过多的原始凭证，如工资结算表、领料单等，可以单独装订保管，但应在封面上注明原始凭证的张数、金额，所属记账凭证的日期、编号、种类。封面应一式两份，一份作为原始凭证装订成册的封面，封面上注明"附件"字样；另一份附在记账凭证的后面，同时在记账凭证上注明"附件另订"，以备查考。

此外，对于各种经济合同、存出保证金收据以及涉外文件等重要原始凭证，应当另编目录，单独登记保管，并在有关的记账凭证和原始凭证上相互注明日期和编号。

（二）凭证的装订

凭证装订是指将整理完毕的会计凭证加上封面和封底，装订成册，并在装订线上加贴封签的一系列工作。科目汇总表的工作底稿也可以装订在内，作为科目汇总表的附件。使用计算机的企业，还应将转账凭证清单等装订在内。

会计凭证不得跨月装订。记账凭证少的，可以一个月装订一本；一个月内凭证数量较多的，可装订成若干册，并在凭证封面上注明本月总计册数和本册数。采用科目汇总表会计核算形式的企业，原则上以一张科目汇总表及所附的记账凭证、原始凭证装订成一册；凭证少的，也可将若干张科目汇总表及相关记账凭证、原始凭证合并装订成一册，序号每月一编。装订好的会计凭证厚度通常在2～3厘米。

装订成册的会计凭证必须加盖封面，封面上应注明立卷部门、年度、月份和起讫日期、凭证种类、起讫号码，由装订人在装订线封签外签名或者盖章。会计凭证封面如下所示。

会计凭证封面

自　　年　月　日起至　　年　月　日止

立卷部门				类别			
案卷标题				保管期限			
凭证种类	起号	止号	张数	凭证种类	起号	止号	张数
汇总表			原始凭证				
全宗号		目录号			案卷号		

财务主管　　　　　　会计　　　　　　　装订人　　　　　　年　月　日订

会计凭证的装订程序如下：

（1）整理记账凭证，摘掉凭证上的大头针等，并将记账凭证按编号顺序码放。

（2）将记账凭证汇总表、银行存款余额调节表放在最前面，并放上封面、封底。

（3）在叠放整齐的记账凭证左上角放一张 8×8 厘米大小的包角纸。包角纸要厚一点，其左边和上边与记账凭证取齐。

（4）过包角纸上沿距左边 5 厘米处和左沿距上边 4 厘米处划一条直线，并用两点将此直线等分，再分别等分直线的两点处将包角纸和记账凭证打上两个装订孔。

（5）用绳沿虚线方向穿绕扎紧（结扎在背面）。

（6）从正面折叠包角纸粘贴成下图形状，并将划斜线部分剪掉。

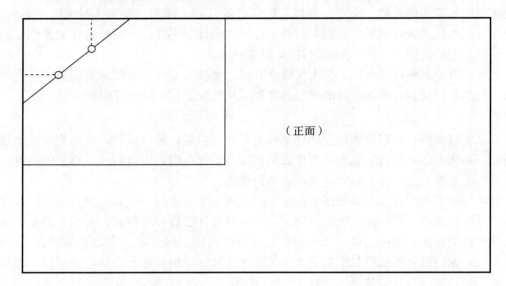

（7）将包角纸向后折叠粘贴成下图形状。

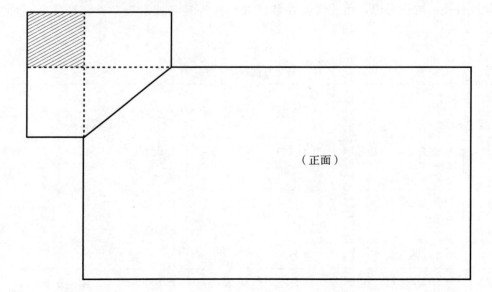

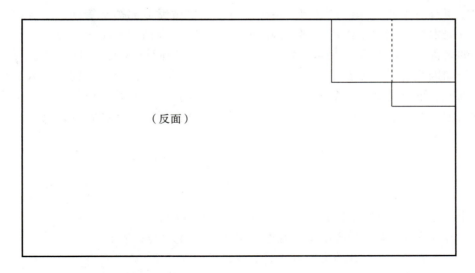

（反面）

（8）将装订线印章盖于骑缝处，并注明年、月、日和册数的编号。

（三）会计凭证的归档保管

装订成册的会计凭证要按年分月顺序排列，并指定专人保管，但出纳不得兼管会计档案。年度终了后，可暂由财会部门保管一年，期满后，编造清册移交本单位的档案部门保管。查阅会计凭证应办理查阅手续，经本单位有关领导批准后，方可查阅。

实训十八　借阅和销毁会计档案

一、会计档案的借阅

（1）会计档案为本公司所有，原则上不得外借。如有特殊需要，须经公司负责人或集团相关负责人、会计机构负责人（会计主管）批准方可借阅。

（2）公司以外的部门借阅会计档案时，借阅人应持有所属单位正式介绍信，经被借阅单位会计主管人员和公司负责人批准后，方可办理借阅手续。集团总部部门因工作需要须借阅各分子公司会计档案时，应经集团财务总监和被借阅单位财务负责人批准后，方可办理借阅手续。

（3）财务部应建立借阅登记清册，所有借阅人应认真填写档案借阅登记簿，将借阅人姓名、单位、日期、数量、内容、归期等情况登记清楚。

（4）借阅会计档案人员不得在案卷中乱画、标记，不得拆散原卷册，也不得涂改、抽换、携带外出或复制原件。如有特殊情况，须经本单位领导和财务主管批准后方能携带外出或复制原件。

（5）借出的会计档案，会计档案管理人员要按期如数收回，并办理注销借阅手续。

（6）所有内外部会计档案借阅，一律须被借阅单位财务部档案管理员全程陪同，借阅地点仅限本单位档案室或财务部。调阅时，应填写会计档案调阅表，详细填写调阅会计凭证的名称、调阅日期、调阅人姓名、调阅理由、调阅批准人。原始凭证不得外借，其他单位如因特殊原因需要使用本单位原始凭证时，经本单位会计机构负责人、会计主管人员批准后可以复制，避免抽出原凭证。向外单位提供的原始凭证复制件，应当专设登记簿登记，说明所复制的会计凭证名称、张数，并由提供人员和收取人员共同签名或者盖章。

二、会计档案的销毁

会计档案保管期满需要销毁时，可以按照以下程序销毁：

（1）由本单位档案机构提出销毁意见，编制会计档案销毁清册。

（2）单位负责人在会计档案销毁清册上签署意见。

（3）销毁会计档案时，应当由档案机构和会计机构共同派员监销。

（4）监销人在销毁会计档案前，应当按照会计档案销毁清册所列内容清点核对所要销毁的会计档案；销毁后，应当在会计档案销毁清册上签名盖章，并将监销情况报告本单位负责人。

注意：对于保管期满但未结清的债权债务类原始凭证，以及涉及其他未了事项的原始凭证，不得销毁，应单独抽出，另行立卷，由档案部门保管到未了事项完结时为止。单独抽出立卷的会计档案，应当在会计档案销毁清册和会计档案保管清册中列明。

正在项目建设期间的建设单位，其保管期满的会计档案不得销毁。

三、实训内容

将前面所做会计凭证全部按顺序装订成册，并加具封皮，存入会计档案加以妥善保管。

实训十九　电算化会计档案的管理

会计档案是会计资料的历史文件，公司实行会计电算化后，会计资料的存储方式有了重大变化，从单纯的纸介质变成各种磁性介质，为此，公司需制定电算化会计档案管理制度。

一、电算化会计档案的内容

电算化会计档案，包括存储在计算机中的会计数据（以磁性介质或光盘存储的会计数据）和计算机打印出来的书面等形式的会计数据。会计数据是指记账凭证、会计账簿、会计报表（包括报表格式和计算公式）等数据，以及会计软件系统开发运行中编制的各种文档和其他会计资料。

二、电算化会计档案的保存期限

会计档案的保存期限按现行制度规定的各种档案存放时间设置。对于计算机打印输出的各类账簿、凭证清单等，视同原手工登记的账簿等会计资料进行保管。由计算机打印输出的会计档案缺损时，须补充打印，并由操作人员在打印输出文件上签字盖章。对会计电算化系统开发的全套文件档案资料应视同会计档案进行管理，保存期限最低截止至该系统停止使用或重大更改后三年。

三、电算化会计档案的存放要求

会计档案存放要做到"九防"，即防盗、防火、防潮、防虫、防鼠、防尘、防高温、防强磁场、防冻。会计数据的备份软盘应分别存放在三个不同地点，并定期复制。

四、电算化会计档案借阅制度

本单位人员借阅电算化会计档案由财务负责人批准；外单位人员借阅电算化会计档案，需持介绍信经单位领导批准后，方可办理借阅手续。任何人不得擅自将会计档案带离档案室，不得泄露会计核算软件资料，未经许可不得复制、转移，更不准进行删改、更换内容。

项目九

会计工作组织

实训二十　会计部门办公用品的置备

一、新设企业需要购买的账簿

（一）现金日记账和银行存款日记账

现金日记账和银行存款日记账是企业必须具备的。会计人员在购买时，两种账本各购一本即可。但若企业开立了两个以上的银行存款账号，那么账本的需要量就要视企业具体情况而定。

（二）总分类账

企业可根据业务量的多少购买总分类账（一般情况下，无须一个科目设一本总账），然后根据企业涉及的业务和会计科目设置总账。

企业通常要设置的总账往往有"库存现金""银行存款""其他货币资金""应收票据""应收账款""其他应收款""存货""长期股权投资""固定资产""累计折旧""无形资产""长期待摊费用""短期借款""应付票据""应付账款""其他应付款""应付职工薪酬""应交税费""应付股利""长期借款""应付债券""长期应付款""实收资本（股本）""资本公积""盈余公积""未分配利润""本年利润""主营业务收入""主营业务成本""其他业务收入""其他业务成本""营业外收入""营业外支出""以前年度损益调整""所得税费用"等。

另外，假如新设企业为工业企业，其会计核算使用的会计账户较多，所以总账账簿的需要量可能会多一些，需多购置几本，但实际中也要根据业务量多少和账户设置的多少而定。

（三）明细分类账

明细分类账是指按照明细分类账户进行分类登记的账簿。明细分类账是根据单位开展经济管理的需要，对经济业务的详细内容进行的核算，是对总分类账进行的补充。在企业里，明细分类账是根据企业自身管理需要和外界各部门对企业信息资料的需要来设置的。

需设置的明细账有"原材料"（根据材料种类等）、"交易性金融资产"（根据分类和对象设置）、"应收账款"（根据客户名称设置）、"其他应收款"（根据应收部门、个人、项目来设置）、"长期股权投资"（根据投资对象设置）、"固定资产"（根据固定资产的类别设置，另外，固定资产明细账账页每年可不必更换）、"短期借款"（根据短期借款的种类或对象设置）、"应付账款"（根据应付账款的对象设置）、"其他应付款"（根据应付的内容设置）、"应付职工薪酬"（根据应付的内容及部门设置）、"应交税费"（根据税金的种类设置）、"销售费用"、"管理费用"、"财务费用"（最后三项均按照费用的构成设置）。

需要说明的是，明细账有许多账页格式，在选择时要选择所需要格式的账页，如三栏式、多栏式、数量金额式等，然后根据明细账的多少选择所需要的封面和装订明细账用的账钉或线。

总之，企业可根据自身的需要增减明细账的设置。日常根据原始凭证、汇总原始凭证及记账凭证登记各种明细账。明细账无论按怎样的方法分类，各个明细账的期末余额之和应与其总账的期末余额相等。

（四）备查账

备查账应根据统一会计制度的规定和企业管理的需要设置。并不是每个企业都要设置备查账簿，而应根据管理的需要来决定，其格式由企业自行确定，外表形式一般采用活页式。

二、新设企业需要购买的办公用品

（一）手工记账企业

如果为手工记账的企业，需购买如下办公用品：

（1）与账本相关的办公用品：总账、现金日记账、银行日记账、明细账、账本皮、账本钉等。

（2）与凭证相关的办公用品：收款凭证、付款凭证、转账凭证、凭证粘贴单、凭证皮等。

（3）与报表相关的会计用品：资产负债表、利润表、科目汇总表、报表皮等。

（4）出纳需要用到的各类银行结算凭证（贷记凭证、电汇凭证、支票等，可去银行购买），有条件的企业可以为出纳配置点钞机等。

（5）其他：财务专用笔、铅笔、橡皮、小刀、直尺、复写纸、计算器、回形针、大头针、凭证装订线、个人私章、科目章、发票专用章、现金收讫和转账收讫章、本月结转等各种红章、订书机、文件柜、文件夹、打孔机、装订工具、牛皮纸、剪刀、裁纸刀、专用快干印台、印油等其他常用办公用品。

（二）计算机记账企业

如果是使用计算机记账的企业，则可以省去账本、凭证，但需另外加上以下几项：

（1）计算机、打印机（含针式）、打印纸（含凭证）。

（2）计算机记账凭证。

（3）财务软件。

另外，如果采用计算机记账，可以用复印机复印、打印有关单据，可以多打印几份备用。

总之，企业购买会计办公用品主要看公司的具体情况，不一定要全套购买。比如：某企业现金收付业务较多，在选择时就可以购买收款凭证、付款凭证、转账凭证；如果企业现金收付业务量较少，购买记账凭证（通用）也可以。

实训二十一　会计工作岗位、岗位牵制和岗位职责

一、会计工作岗位设置

会计工作岗位，是指一个单位会计机构内部根据业务分工而设置的职能岗位。会计工作岗位可以一人一岗、一人多岗或者一岗多人。但出纳人员不得兼管稽核、会计档案保管和收入、费用、债权债务账目的登记工作。在会计机构内部设置会计工作岗位，有利于明确分工和确定岗位职责，建立岗位责任制；有利于会计人员钻研业务，提高工作效率和质量；有利于会计工作的程序化和规范化，加强会计基础工作；有利于强化会计管理职能，提高会计工作的作用；同时，会计工作岗位也是配备数量适当的会计人员的客观依据之一。

会计工作岗位一般可分为：总会计师（或行使总会计师职权），会计机构负责人或者会计主管人员，出纳，财产物资核算岗位，工资核算岗位，成本费用核算岗位，财务成果核算岗位，资金核算岗位，资本、基金核算岗位，收入、支出、债权债务核算岗位，财产物资收发、增减核算岗位，总账岗位，对外财务会计报告编制岗位，会计电算化岗位，往来结算岗位，总账报表岗位，稽核岗位，会计档案管理岗位等。

对于会计档案管理岗位，在会计档案正式移交之前，属于会计岗位，会计档案正式移交之后，不再属于会计岗位。

档案管理部门管理会计档案的人员、收银员、单位内部审计、社会审计、政府审计工作也不属于会计岗位。

二、会计工作岗位牵制

会计工作岗位应根据会计业务需要设置，并与本单位业务活动的规模、特点和管理要求相适应。因此，会计岗位可以一人一岗、一人多岗、一岗多人。会计岗位设置应符合内部牵制制度的要求。内部牵制制度（钱账分管制度）是指凡是涉及款项和财务收付、结算及登记的任何一项工作，必须由两人或两人以上分工办理，以起到相互制约作用的一种工作制度，是内部控制制度的重要组成部分。内部牵制制度要求：出纳不得兼管稽核、会计档案保管以及收入、费用、债权债务账目的登记工作（而不是所用记账工作）。出纳以外的人员不得兼管现金、有价证券、票据。对会计人员要有计划地进行轮岗，以有利于会计

人员全面熟悉业务，不断提高业务素质。另外，要建立岗位责任制。

三、会计岗位职责

（一）岗位职责

（1）执行国家财经法规和公司财务规章制度，严格遵守财经纪律。

（2）负责财务核算账套的设置。

（3）负责日常会计核算工作，及时做好凭证的编制、登记工作，做到账证相符、账表相符。

（4）按月度及时填制并报送会计报表。

（5）负责成本核算工作，为经济活动分析提供准确数据。

（6）按月度、季度、年度及时进行税务申报及汇算清缴，依法正确计提和上缴各项税费，并负责税费台账的登记和管理。

（7）对会计凭证、各类账表定期打印、收集整理、装订成册、登记编号，按照《会计档案管理办法》妥善保管，并按照规定程序办理销毁报批手续。

（8）负责财务文件、资料、数据的保管与安全。

（9）登记固定资产台账，做好固定资产的折旧计提及记账工作。

（二）工作内容

（1）熟悉国家有关财经政策、法律、法规，在财务主管领导下，会同相关职能部门开展财务工作。

（2）热爱本职工作，刻苦钻研业务，遵纪守法，坚持原则，廉洁奉公，在会计工作中遵守职业道德。

（3）在财务主管的指导下，负责日常生产经营中财务收支的原始凭证、记账凭证、汇总凭证、其他会计凭证的审核和填制；登记总账、明细账、日记账、固定资产卡片、辅助账簿；编制月度、季度、年度财务报告（包括会计报表、附表及文字说明）以及其他财务报表；严格执行会计法规制度，发现问题及时汇报，并按有关财务规定采取一定措施，进行妥当处理。

（4）协助财务主管处理财务部各项工作，结合本公司实际，进行会计具体操作，运用掌握的会计信息和会计方法，为改善公司内部管理提供合理的建议。

（5）做好成本核算，对所发生的费用进行归集、分配与整理，通过加强成本核算控制，最大限度地控制成本开支范围和费用开支标准，提高经济效益。

（6）定期参与物资财产的清查，认真核对账务，对账实不符的，彻底查明情况。清查工作结束后提出报告和加强规范财产管理，采取有效防范措施。

（7）加强会计档案的管理，根据会计档案的管理制度，对会计档案进行立卷、归档，保证会计档案妥善保管，有序存放，方便查阅，严防毁损、散失和泄密。

（8）加强财务部计算机的操作管理，不准外部人员接触，按时完成日常工作。

（三）工作标准

（1）熟悉并遵守国家相关会计法规，业务熟练，能够及时地完成各项会计工作。

(2) 做法正派，原则性强。

(3) 对财务文件进行归档、立卷，做到分类清楚、立卷合理、保管完整、方便使用。

(4) 及时填制记账凭证，做到账账相符、账证相符、账实相符，及时编制、上报会计报表。

(5) 成本核算合理，并为成本分析及时准确地提供相关财务数据。

(6) 对各项财务信息保密，防止经济资料外泄。

实训二十二　会计工作交接表的编制

一、交接内容

交接内容包括会计凭证、会计账簿、会计报表及报表附注、会计文件、会计工具、印章和其他资料（如户口登记簿、土地登记簿、会议记录簿、文书档案等）。实行会计电算化的企业，还应移交会计软件、数据磁盘及相关资料。

二、交接程序

（一）交接前的准备工作

会计人员在办理会计工作交接前，必须做好以下准备工作：

(1) 已经受理的经济业务尚未填制会计凭证的应当填制完毕。

(2) 尚未登记的账目应当登记完毕，结出余额，并在最后一笔余额后加盖经办人印章。

(3) 整理好应该移交的各项资料，对未了事项和遗留问题要写出书面说明材料。

(4) 编制移交清册，列明应该移交的会计凭证、会计账簿、财务会计报告、公章、现金、有价证券、支票簿、发票、文件以及其他会计资料和物品等内容；实行会计电算化的单位，从事该项工作的移交人员应在移交清册上列明会计软件及密码、会计软件数据盘、磁带等内容。

(5) 会计机构负责人（会计主管人员）移交时，应将财务会计工作、重大财务收支问题和会计人员的情况等向接替人员介绍清楚。

（二）移交点收

移交人员离职前，必须将本人经管的会计工作在规定的期限内全部向接管人员移交清楚。接管人员应认真按照移交清册逐项点收。

具体要求是：

(1) 现金要根据会计账簿记录余额进行当面点交，不得短缺。接替人员发现账实不一致或"白条抵库"现象时，移交人员应在规定期限内负责查清并进行处理。

(2) 有价证券的数量要与会计账簿记录一致，有价证券面额与发行价不一致时，按照会计账簿余额交接。

（3）会计凭证、会计账簿、财务会计报告和其他会计资料必须完整无缺，不得遗漏。如有短缺，必须查清原因，并在移交清册中加以说明，由移交人负责。

（4）银行存款账户余额要与银行对账单核对相符，如有未达账项，应编制银行存款余额调节表调节相符；各种财产物资和债权债务的明细账户余额，要与总账有关账户的余额核对相符；对重要实物要实地盘点，对余额较大的往来账户要与往来单位、个人核对。

（5）公章、收据、空白支票、发票、科目印章以及其他物品等必须交接清楚。

（6）实行会计电算化的单位，交接双方应在计算机上对有关数据进行实际操作，确认有关数字正确无误后，方可交接。

三、交接介绍

会计工作中进行轮岗的情况比较多，会计人员在进行工作交接时，必须要按照相应的规定与程序来办理交接工作，做好移交手续的准备工作，并按移交清册进行交接，还要有会计主管人员或是财务负责人监督交接。

那么，会计工作交接中是否可以白条抵库？白条抵库这个词是财务的一种用语，是指不按照财务管理制度的要求，以个人或是企业单位的名义书写会计凭证与单据，以此来顶替会计的库存现金，或是库存实物等物资的行为，也就是通过白条或是别的凭证借出或是挪用现金、原材料、商品。这种做法属于违法行为，如果比较严重就会成为一种犯罪行为，企业在库存现金管理中要杜绝白条抵库。

四、注意事项

（1）交接表要写清楚，检查交接表上的内容与事实是否相符。

（2）发票要看仔细，检查发票与事实是否相符。检查企业账与银行账是否相符；现金和实际往来是否相符；保管账与实务是否相符。另外，要清点仓库，对固定资产也要进行盘点。

（3）有时间的话，单位往来账及个人账也要核对。

总之，会计交接一定要仔细，否则后果自负。所以不要怕麻烦，涉及会计的方面一定要核实清查。如果交接后出现问题，前任会计没有责任。

会计工作交接完毕后，必须在移交清单上签名或盖章的有监交人、移交人、接交人。

五、常见问题

（一）会计调动或离职时，没有进行会计工作交接

会计调动或离职时没有进行会计工作交接，这种情况一般发生在会计管理不规范的企业里。小企业出现这种情况较多，大中型企业出现得较少。小企业的会计主管人员往往素质偏低，不知道会计法规关于这方面的要求，或者不懂得会计交接的重要性，在会计人员的更替中，忽略了会计工作交接。不正规的人事管理，也是造成未进行会计工作交接的重

要原因。

（二）虽有会计工作交接，但手续不完备

有的企业虽然在会计离任时办理会计工作交接，但是对会计法规关于会计工作交接的具体要求不清楚，因而使得交接的手续不完备，出现下述几种情况。

1. 没有监交人

根据《会计法》的规定，会计工作交接必须有监交人。一般会计人员离任，要由会计机构负责人或会计主管人员负责监交；会计机构负责人或会计主管人员离任，要由单位负责人监交。但是有些企业在会计人员离任时，只是由移交人和接替人参与交接，没有监交人。这种情况在会计机构负责人或会计主管人员离任时出现得较多，原因是单位负责人往往不懂财务，不知道应该由他本人来进行监交，或者虽然知道但未予以重视。

2. 交接的内容不完整

在会计人员交接内容的完整性上，常出现的疏漏有：

（1）移交人已经受理的原始凭证未经处理即交给了接替人，有的甚至不经清点就交出，造成原始凭证的散失或难以处理。

（2）移交人已制作的记账凭证没有登记到会计账簿上就交给了接替人。

（3）应进行月结、年结，以及应进行合计、累计的账簿没有进行处理。

（4）会计凭证、会计账簿、财务会计报告有缺失，没有说明原因。

（5）纳税申报表、免税审批表等其他会计资料有缺失。由于会计凭证、会计账簿、财务会计报告以外的其他会计资料比较零散，若没有编号则容易散失，交接时很容易缺少，而且当时难以发现。

（6）各种证件不齐全。很多会计人员负责工商营业执照、税务登记证、企业代码证等企业证件的保管，这些证件平时不常用，在交接时也容易出现缺失。

（7）没有移交有关文件资料。会计工作中会涉及企业内外的一些文件资料，有的会计会把这些文件资料作为个人物品，在离任时带走。

（8）移交人没有办理完的业务资料被当成无关紧要的东西被忽略，未交给接替人；或虽然交给接替人，但未进行强调说明，被接替人所忽略。

3. 交接的内容不正确

在会计人员交接内容的正确性上，常出现的疏漏有：

（1）总账与明细账、现金日记账、银行存款日记账不符。

（2）会计账簿与财务会计报告不符。

（3）库存现金、有价证券与账面余额不符。

（4）银行存款账面余额既未与银行对账单余额核对相符，也没有做银行存款余额调节表调节相符。

（5）有关资产的明细账余额与实物不符。

（6）有关债权、债务的明细账余额与有关债务、债权单位或个人反映的情况不符。

（三）交接后接替人未按规定处理相关事务

（1）接替人把有关会计事务的处理责任推给前任，不予办理。会计交接后，前任会计往往会遗留一些业务，有的接替人怕麻烦，不愿管这些业务，往前任会计身上推，要当事人去找前任会计。而前任会计因已离任，不对此负责，造成了推诿扯皮。

（2）接替人不按规定延续使用移交来的会计账簿，而是另开设会计账簿。

六、基本对策

要解决企业会计工作交接中存在的上述问题，应采取如下对策：

（1）加强对企业负责人和企业会计主管人员的培训。

存在上述问题的一个重要原因是很多企业负责人和会计主管人员对会计工作交接的有关规定不了解。应加强对企业负责人和会计主管人员在这方面的培训，使他们认识到做好会计工作交接是会计基础工作规范化的重要内容，也是保证会计工作正常开展以及保证会计资料完整性的重要措施。同时，还要让他们掌握有关会计工作交接的具体要求和方法。

（2）企业要制定会计工作交接具体办法。

企业要针对本企业会计岗位的设置制定会计工作交接的具体办法。在该办法中，要分别按各会计岗位说明会计工作交接的要求、内容和程序，并对容易出现疏漏的地方提出注意事项。

（3）在企业人事制度和其他相关制度中对会计工作交接问题做出规定。

在企业人事制度中，应将做好会计工作交接列为会计人员离任的前提条件。在会计人员聘用合同中，要对会计离任后有义务保守商业秘密和协助企业处理会计工作交接中发现的因移交人的责任造成的遗留问题做出约定。

（4）监交人要区别不同的会计工作交接情况，注意把握关键因素。

在会计工作交接中，监交人是组织者和协调人，应区别处理不同的会计工作交接情况，注意把握关键因素，保证会计工作交接的顺利进行。会计工作交接的质量是由移交人、接替人、监交人三者共同决定的。这三者的业务素质、心态对会计工作交接都有影响，但是起主要作用的往往是移交人。一般来说，如果移交人的会计业务素质较高而且责任心较强，那么交接中在会计资料的正确性、完整性上的问题就会较少；如果移交人的会计业务素质较差或者责任心不强，往往会遗留较多的问题，会计工作交接就会不顺利。如果移交人的离任原因属于正常调动或离职，没有与企业或其他个人产生冲突，则其在交接中应能够尽力履行好应尽义务，在交接中起到积极的主导作用。但如果移交人是被免职或是不情愿地被接替者所顶替，则会以消极的态度来对待交接工作，这种情况下，移交人在会计工作交接中往往不愿配合工作，会计工作交接就难以顺利进行。因此，监交人要根据移交人的不同情况来把握会计工作交接，尽力消除消极因素的负面影响。监交人在把握会计工作交接的进度上要不怕慢，务求细。移交人往往有急于离开的心理，所以求快，但是这样就不好保证交接的质量，所以监交人一定要稳中求细，尽量不留"后遗症"。

（5）会计机构负责人、会计主管人员离任的监交可由单位负责人委托注册会计师协助监交。

按照《会计法》的规定，会计机构负责人、会计主管人员办理交接手续，要由单位负责人监交。但是单位负责人大部分都不是财务会计人员出身，对于会计工作交接了解较少，并且工作繁忙，难以全过程地参与会计工作交接。在这种情况下，为保证监交在实质上的作用，可由单位负责人聘用注册会计师协助进行监交。注册会计师因其独立性和专业性，可保证监交的公正、有效。

七、会计工作交接手册样本

会计工作交接手册

_____店成立于_____，该店原会计_____，现将会计工作移交给_____接管，办理如下交接。

一、交接日期

_____年_____月_____日。

二、重点事项的移交

1. 会计科目移交，附：货币资金、库存商品、应收账款、固定资产、低值易耗品、其他应收款、其他应收款押金条、待处理财产、应付账款、其他应付款以及其他科目等交接表格。

2. 资料移交：

项目	数量	内容
凭证		
财务报表		
账本		
印鉴		
合同		
重要制度（总部及直营店制度）		
重要单据		
工商税务证件		
外账资料（可另行编制外账交接手册）		
出纳处交出保证金原件登记表		
空白票据登记本		
以上为实物移交		
电子表格		
电子文件		
其他电子资料		
以上为电子资料移交		
其他重要资料（对以上未涉及的但需要交接的资料可在此加以补充）		
日常工作事项交代以及与税务工作相关的各职能部门的联系电话与联系人		

3. 其他注意事项：

交接前应完成各种对账工作，如明细账与总账对账，各直营店间对账，与总部及配货部对账，各直营店往来对账、供应商对账、各应收应付的余额核对等；完成交接前的账务处理及其他需处理事项，完成各种摊销、计提及其他账务处理错误的调整；完成各种资料的整理，如各种资产盘点、凭证装订整理以及其他需要交接的文件资料的整理等。

原会计应将工作流程、工作内容及关系部门（如总部相关部门、各直营店各部门、工商税务机关）等事项交代给新会计（可编制简要说明）；对于新聘会计还应进行简单的业务培训，如账务处理方法、软件系统的操作、其他应注意的事项等。

有关电脑、电子文件、电子表格、软件系统（账务处理、分销系统、邮箱系统）等的密码需要进行交接或更改。

其他事项：

以上是否已按要求处理完毕：□是　□否

三、未进行交接事项（因特殊原因导致某些事项不能交接的可在此说明）

四、交接前后工作责任的划分

_____年_____月_____日前的会计责任事项由原会计_____负责；_____年_____月_____日起的会计工作由会计_____负责。以上移交事项均经交接双方确认无误。

五、本交接书一式三份，交接双方各执一份，直营店存档一份

移交人：　　　　　　接管人：　　　　　　监交人：

_____直营店
年　　月　　日

项目十

基础会计综合业务实训

一、实训目的

模拟一个经济业务比较简单的企业，以其适量的、不同类别的、较为典型的经济业务，按照会计核算程序进行系统的综合，从建账开始，到填制和审核原始凭证、填制和审核记账凭证、登记各类明细账和总账、编制出会计报表的全过程，完成一个会计循环。以便学生完整地了解和掌握基础会计理论内容，加深对会计循环的理解，从而达到初步掌握会计核算的基本操作技能，巩固与提高对会计基本理论知识的掌握以及进一步学习之目的。

掌握会计循环（记账凭证的填制→会计账簿的登记→会计报表的编制）的实际操作。

二、实训步骤

以科目汇总表账务处理程序为例。

（1）建账。

（2）填制记账凭证（包括填制自制原始凭证）。

（3）登记各种明细账。

（4）登记现金日记账和银行存款日记账。

（5）根据记账凭证编制科目汇总表，并根据科目汇总表登记总账。

（6）对账和结账，并编制试算平衡表。

（7）编制会计报表。

三、实训指导

（1）建立和启用下列账簿：

1）三栏式现金日记账、三栏式银行存款日记账。首先填写日记账的扉页"账簿启用及经管人员一览表"（其余账簿也需填列此表，不再赘述）；其次登记期初余额。

2）启用和建立相应格式的明细账。明细账有以下三种：

①数量金额式明细账，登记原材料和产成品的收发存情况。

②三栏式明细账，登记结算类账户的增减变化情况。

③多栏式明细账，登记"生产成本""制造费用""管理费用""应交税费——应交增值税"明细账。

3）建立和启用三栏式总账。每张账页上开设一个账户。

（2）审核原始凭证并据以填制记账凭证。

（3）逐日逐笔登记现金日记账和银行存款日记账，并办理日结手续和必要的转页手续。

1）逐日逐笔登账，并按有关规定逐笔结算账户余额，或在每日的账页登记完毕后结算一次账户余额。

2）账页记录至倒数第二行时，要办理转页手续。

（4）逐日逐笔登记明细账，并逐日结算账户余额。

"生产成本"明细账，按产品名称设置，账内借方栏设"直接材料"、"直接人工"（包括按直接人工即生产工人工资的14％提取的福利费）、"制造费用"三个专栏。水费和电费根据用量直接记入"制造费用"和"管理费用"账户。结转完工产品成本时，如果账页本身没有贷方，则应用红字金额记入各有关专栏（包括合计数）；如果采用借贷余多栏式明细账，结转完工产品成本时，应在"贷方"栏用蓝字记一笔总成本金额，同时用红字金额记入各有关借方专栏。最后，合计借方发生额和贷方发生额，并计算出期末余额。

本实训不设置"材料采购"明细账。

（5）月末根据记账凭证编制科目汇总表，然后根据科目汇总表登记总账。本实训资料要求科目汇总表按月汇总并按月登记。

（6）月末办理结账和对账。

1）检查本期内发生的经济业务（包括根据账簿记录填制的自制原始凭证，称为记账编制凭证）是否已全部填制记账凭证，并已登记入账。

2）办理月结手续，结账时对不同的账户采用不同的方法：

①对不需要按月结计本期发生额的明细账户（各项应收、应付款明细账和材料物资等存货明细账），每次记账以后，都要随时结出余额，每月最后一笔余额即为月末余额。只需在最后一笔经济业务的下面划一条通栏单红线，表示本月的结束也表示下月的开始，不需要再结计一次余额，然后在通栏单红线下继续登记下月的经济业务。

②对于现金、银行存款日记账和确需按月结计发生额的收入、费用等明细账，月结时，在最后一笔经济业务的下面划一条通栏单红线，表示本月结束，并结出本月发生额和余额，在摘要栏内注明"本月合计"或"月结"字样，在其下面再划一条通栏单红线，表示下月的开始。

③需要结计本年累计发生额的某些明细账，如"本年利润"账户和采用表结法计算本年损益的损益类账户，每月结账时，应在"本月合计"或"月结"行下结出本年初至本月末止的累计发生额，登记在月份发生额下面，在摘要栏内注明"本年累计"字样，并在下面划一条通栏单红线。12月月末时，"本年累计"就是全年累计发生额，并在其下面再划一条通栏双红线，表示本年度的结束。单红线称为结账线，双红线称为封账线。

④总分类账户平时只需结出月末余额。年终结账时，需将每个总账账户结出全年发生额和年末余额，在摘要栏内注明"本年合计"或"年结"字样，并在合计下面划一条通栏

双红线。

3）编制总分类账户本期发生额及余额试算表，以检查账户记录是否正确。

4）编制"原材料""应付账款""应收账款"明细分类账户本期发生额和余额明细表，以检查总账和其所属明细账的平行登记是否正确（本实训略）。其他明细账余额或总账所属明细账不多的明细账余额之和直接与有关总账余额核对。

（7）编制会计报表。

根据总账记录或总分类账户本期发生额及余额试算平衡表和有关的明细账记录，编制月末资产负债表、利润表。

（8）将全月的记账凭证按顺序装订成册，并加具封皮，存入会计档案加以妥善保管。

四、实训资料

（一）总账资料

临汾市新新公司 2019 年 11 月 30 日总账余额如下：

单位：元

会计科目	借方余额		会计科目	贷方余额	
	年初数（略）	期末数		年初数（略）	期末数
库存现金		6 915	短期借款		150 000
银行存款		133 000	应付账款		26 400
应收票据		4 600	预收账款		2 000
应收账款		10 000	其他应付款		4 100
预付账款		2 500	应付职工薪酬		58 600
其他应收款		500	应交税费		16 900
材料采购		6 000	应付股利		73 000
原材料		74 985	实收资本		525 000
库存商品		81 000	资本公积		45 000
生产成本		27 000	盈余公积		80 000
固定资产		599 500	本年利润		85 000
累计折旧		180 000	利润分配		60 000
合计		1 126 000	合计		1 126 000

（二）明细账资料

临汾市新新公司 2019 年 11 月 30 日有关明细账余额如下（单位：元）：

（1）应收票据明细账：

龙华公司：1 500

华明公司：3 100

（2）应收账款明细账：

绿得公司：4 000

招展公司：6 000

（3）预付账款明细账：

龙兴公司：2 500

（4）其他应收款明细账：

刘燕：500

（5）材料采购明细账：

甲材料：3 800

乙材料：2 200

（6）原材料明细账：

甲材料：51 800

乙材料：23 185

（7）生产成本明细账：

品名	直接材料	直接人工	制造费用	合计
A 产品	8 000	3 000	4 000	15 000
B 产品	7 000	2 400	2 600	12 000

（8）库存商品明细账：

A 产品：49 000

B 产品：32 000

（9）应付账款明细账：

南华公司：15 100

华兴公司：11 300

（10）预收账款明细账：

东明公司：2 000

（11）应交税费明细账：

应交增值税：13 000

应交城建税：910

应交教育费附加：260

（12）利润分配明细账：

提取盈余公积：20 000

应付股利：40 000

（三）业务资料

2019 年 12 月，临汾市新新公司发生业务的有关原始凭证如下：

1-1

固定资产验收单

2019 年 12 月 1 日

投资单位			远东公司	接受投资单位			临汾市新新公司	
固定资产名称	规格型号	单位	数量	预计使用年限	已使用年限	原始价值	已提折旧	备注
设备		台	1	15	0	300 000	0	
技术鉴定			设备全新	评估价值			300 000	

2-1

中国工商银行借款凭证（代回单）

对方科目：　　　　　　　　转账日期：2019 年 12 月 1 日　　　　　　　　No.

借款单位名称		临汾市新新公司	放款账号		5-12			往来账号			8-20			
借款金额		人民币（大写）壹拾万元整		千	百	十	万	千	百	十	元	角	分	
					￥	1	0	0	0	0	0	0	0	
种类	一年期生产周转借款	单位提出期限	自 2019 年 12 月 1 日至 2020 年 11 月 30 日				利率							
		银行核定期限	自 2019 年 12 月 1 日至 2020 年 11 月 30 日											
上列款项已收入你单位往来户内 单位（银行签章）				单位会计分录										

第四联　交借款单位

3-1

转账支票存根

支票号码：90301
科目：
对方科目：
出票日期：2019 年 12 月 2 日
收款人：华兴公司
金额：17 400.00
用途：支付货款
单位主管　　　　会计

4-1

山西省增值税专用发票

开票日期：2019 年 12 月 2 日 No. 130062140

| 购买方 | 名　称：临汾市新新公司 纳税人识别号：220165883444389 地址、电话：临汾市解放路 2 号 5367358 开户行及账号：工行解放路支行 785088092122 | 密码区 | 45687478/>＋<1248<-< 加密版本：01 ＊＋--457-</148<-22-45 8641516972 ＊- 4-78>879458136845<7＋0 14785419/92/ 279>>->98>><1 478131 |

货物或应税劳务名称	规格型号	单位	数量	单价	金额	税率	税额
甲材料		千克	20 000	1.99	39 800.00	13%	5 174.00
合计					￥39 800.00		￥5 174.00

| 价税合计（大写） | ⊗肆万肆仟玖佰柒拾玖元整 | （小写）￥44 979.00 |

| 销售方 | 名　称：太原市太平商贸有限公司 纳税人识别号：370102800317711 地址、电话：太原市长风路 50 号 0351-6352763 开户行及账号：工行长风支行 83290104008412129 | 备注 | 太原市太平商贸有限公司 370102800317711 发票专用章 |

收款人：王山　　　　复核：李立　　　　开票人：张兰　　　　销货单位：（章）

5-1

广东省增值税专用发票

开票日期：2019 年 12 月 3 日 No. 130062148

| 购买方 | 名　称：临汾市新新公司 纳税人识别号：220165883444389 地址、电话：临汾市解放路 2 号 5367358 开户行及账号：工行解放路支行 785088092122 | 密码区 | 45687478/>＋<1248<-< 加密版本：01 ＊＋--457-</148<-22-45 8641516972 ＊- 4-78>879458136845<7＋0 14785419/92/ 279>>->98>><1 478131 |

货物或应税劳务名称	规格型号	单位	数量	单价	金额	税率	税额
运输费				200.00	200.00	9%	18.00
合计					￥200.00		￥18.00

| 价税合计（大写） | ⊗贰佰壹拾捌元整 | （小写）￥218.00 |

| 销售方 | 名　称：广东省联通运输有限公司 纳税人识别号：120558745613451 地址、电话：广州市宏达路 66 号 6038251 开户行及账号：农行广州支行 232901040000569 | 备注 | 广东省联通运输有限公司 120558745613451 发票专用章 |

收款人：　　　　复核：　　　　开票人：　　　　销货单位：（章）

6－1

借款单

2019 年 12 月 4 日

姓名	李明
事由	去外地出差
借款金额	人民币（大写）伍佰元整　　　　￥500.00
领导批示	同意借款　　蔡志明
备注	现金付讫

7－1

转账支票存根

支票号码：90302
科目：
对方科目：
出票日期：2019 年 12 月 4 日
收款人：临汾市龙兴公司
金额：100 000.00
用途：预付购货款
单位主管　　　　会计

8－1

材料验收单

材料类别：原材料　　　　　　　　　2019 年 12 月 5 日　　　　　　　　　　No. 10

发票号码	名称	规格	单位	购进			验收		
				数量	单价	金额	数量	单价	金额
	甲材料		千克	20 000	1.99	39 800.00	20 000	2.00	40 000.00
进货单位	临汾市新新公司			运杂费	200.00		采购员姓名		
备注				合计	40 000.00		附单据		

供应主管：　　　　仓库会计：　　　　仓管员：　　　　复核：　　　　制单：

第二联　交会计部门

9-1

中国工商银行网上银行电子回单

2019 年 12 月 5 日

收款人	全称	太原市太平商贸有限公司	付款人	全称	临汾市新新公司
	账号	83290104008412129		账号	785088092122
	开户银行	工行长风分行		开户银行	工行解放路支行

人民币（大写）	肆万肆仟玖佰柒拾肆元整	千	百	十	万	千	百	十	元	角	分
			￥	4	4	9	7	4	0	0	

交易摘要	货款
备法	无

	交易状态	成功
	交易时间	2019 年 12 月 05 日
	交易编号	20191205－06095343－000001
	打印日期	2019 年 12 月 05 日

交易机构	601103	交易柜员	603663	交易流水号	06095343

10-1

山西省增值税专用发票

开票日期：2019 年 12 月 6 日　　　　No. 130062232

购买方	名　　称：临汾市新新公司 纳税人识别号：220165883444389 地址、电话：临汾市解放路 2 号 5367358 开户行及账号：工行解放路支行 785088092122	密码区	45687478/＞＋＜1248＜-＜ 加密版本：01 ＊＋--457-＜/148＜-22-45 8641516972 ＊- -4-78＞879458136845＜7＋0 14785419/92/ 279＞＞-＞98＞＞＜1 478131

货物或应税劳务名称	规格型号	单位	数量	单价	金额	税率	税额
甲材料		千克	25 000	1.98	49 500.00	13％	6 435.00
乙材料		千克	20 000	3.98	79 600.00	13％	10 348.00
合计					￥129 100.00		￥16 783.00

价税合计（大写）	⊗壹拾肆万伍仟捌佰捌拾叁元整　　　　（小写）￥145 883.00

销售方	名　　称：临汾市龙兴公司 纳税人识别号：330102800315324 地址、电话：临汾市向阳路 53 号 5386362 开户行及账号：建行向阳路支行 523901040086665	备注	临汾市龙兴公司 330102800315324 发票专用章

收款人：王将　　　　复核：李立马　　　　开票人：张绣　　　　销货单位：（章）

第二联　发票联　购货方记账凭证

10－2

山西省增值税专用发票

开票日期：2019 年 12 月 6 日　　　　　　　No. 130063253

购买方	名　　　称：临汾市新新公司 纳税人识别号：220165883444389 地址 、电话：临汾市解放路 2 号 5367358 开户行及账号：工行解放路支行 　　　　　　785088092122	密码区	45687478/＞＋＜1248＜-＜ 加密版本：01 ＊ ＋--457-＜/148＜-22-45 8641516972 ＊- 4-78＞879458136845＜7＋0 14785419/92/ 279＞＞-＞98＞＞＜1 478131

货物或应税劳务名称	规格型号	单位	数量	单价	金额	税率	税额
运输费				900.00	900.00	9％	81.00
合计					￥900.00		￥81.00

价税合计（大写）	⊗玖佰捌拾壹元整　　　　　　（小写）￥981.00

销售方	名　　　称：临汾市阿托物流公司 纳税人识别号：141002674468978 地址 、电话：临汾市秦蜀路 96 号 5332658 开户行及账号：农行秦蜀路支行 　　　　　　258901040000732	备注	临汾市阿托物流公司 141002674468978 发票专用章

收款人：　　　　　　复核：　　　　　　开票人：　　　　　　销货单位：（章）

第二联　发票联　购货方记账凭证

10－3

材料验收单

材料类别：原材料　　　　　　2019 年 12 月 6 日　　　　　　No. 11

发票号码	名称	规格	单位	购进			验收		
				数量	单价	金额	数量	单价	金额
	甲材料		千克	25 000	1.98	49 500.00	25 000	2.00	50 000.00
	乙材料		千克	20 000	3.98	79 600.00	20 000	4.00	80 000.00
进货单位	临汾市龙兴公司			运杂费	900.00		采购员姓名		
备注				合计	130 000.00		附单据		

供应主管：　　　　会计：　　　　仓管员：　　　　复核：　　　　制单：

第二联　交会计部门

10 - 4

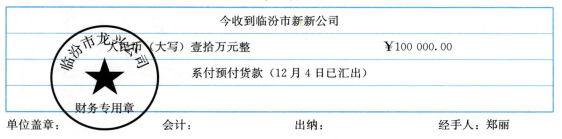

收据

2019 年 12 月 4 日

今收到临汾市新新公司	
（大写）壹拾万元整	￥100 000.00
系付预付货款（12 月 4 日已汇出）	

单位盖章：　　　　　会计：　　　　　出纳：　　　　　经手人：郑丽

11 - 1

差旅费报销单

姓名：李明　　　　　2019 年 12 月 6 日

起止日期	起止地点	汽车费	火车费	飞机费	途中补助	住宿费	出差补助	杂费	合计	单据
12 月 4 日	临汾	100.00			80.00	120.00		180.00	480.00	
12 月 6 日	长治									
合计		100.00			80.00	120.00		180.00	480.00	
合计核销金额		（大写）肆佰捌拾元整							￥480.00	
领导批示：同意报销　蔡志明										

11 - 2

收据

2019 年 12 月 6 日

今收到李明交回	
（大写）贰拾元整	￥20.00
系付报销差旅费余款	现金付讫

单位盖章：　　　　　会计：　　　　　出纳：　　　　　经手人：

12-1

山西省增值税专用发票

开票日期：2019 年 12 月 7 日　　　　　　　　　No. 230052432

购买方	名　　称：临汾市新新公司 纳税人识别号：220165883444389 地址、电话：临汾市解放路 2 号 5367358 开户行及账号：工行解放路支行 　　　　　　785088092122	密码区	45687478/>＋<1248<-< 加密版本：01 * ＋--457-</148<-22-45 8641516972 *- 4-78>879458136845<7＋0 14785419/92/ 279>>->98>><1 478131

货物或应税劳务名称	规格型号	单位	数量	单价	金额	税率	税额
乙材料		千克	37 500	4.00	150 000.00	13％	19 500.00
合计					￥150 000.00		￥19 500.00

价税合计（大写）	⊗壹拾陆万玖仟伍佰元整　　　　（小写）￥169 500.00

销售方	名　　称：临汾市南华公司 纳税人识别号：1410102800315324 地址、电话：临汾市平阳南街 108 号 5308622 开户行及账号：建行平阳南街支行 　　　　　　44201040073364	备注	临汾市南华公司 1410102800315324 发票专用章

收款人：王丽　　　　　复核：李红　　　　　开票人：张平　　　　　销货单位：（章）

第二联　发票联　购货方记账凭证

12-2

商业承兑汇票

2019 年 12 月 7 日

出票人全称	临汾市新新公司	收款人	全称	临汾市南华公司
出票人账号	785088092122		账号	44201040073364
开户银行	工行解放路支行		开户银行	建行平阳南街支行
汇票金额	人民币（大写）壹拾陆万玖仟伍佰元整			￥169 500.00
汇票到期日	2020 年 3 月 7 日			

收款人开户银行盖章 复核　　会计 备注：	承兑协议编号	234	交易合同编号	
	汇票签发人（盖章） 负责　　　经办			

13-1

领料单

领料部门：车间　　　　　　　　　　2019 年 12 月 8 日　　　　　　　　　　编号：

材料		单位	数量		单价	总价							
名称	规格		请领	实发		十	万	千	百	十	元	角	分
甲材料		千克	15 000	15 000	2.00		3	0	0	0	0	0	0
合计		人民币（大写）：叁万元整				¥	3	0	0	0	0	0	0
工作单号		用途	用于生产 A 产品										
工作项目													

会计：　　　　记账：　　　　发料：　　　　领料：　　　　主管：

第一联　存根

13-2

领料单

领料部门：车间　　　　　　　　　　2019 年 12 月 8 日　　　　　　　　　　编号：

材料		单位	数量		单价	总价							
名称	规格		请领	实发		十	万	千	百	十	元	角	分
乙材料		千克	12 500	12 500	4.00		5	0	0	0	0	0	0
合计		人民币（大写）：伍万元整				¥	5	0	0	0	0	0	0
工作单号		用途	用于生产 B 产品										
工作项目													

会计：　　　　记账：　　　　发料：　　　　领料：　　　　主管：

第一联　存根

14 - 1

现金支票存根

支票号码：94301
科目：
对方科目：
出票日期：2019 年 12 月 8 日
收款人：临汾市新新公司
金额：1 000.00
用途：备用金
单位主管   会计

15 - 1

No. 314105200300023360

妥善保管

填发日期：2019 年 12 月 9 日　　　　　　税务机关：国家税务总局临汾市尧都区税务局

纳税人识别号			纳税人名称		
原凭证号	税种	品目名称	税款所属时期	入（退）库日期	实缴（退）金额
314106200100056831	增值税	销售服务	2019 - 11 - 01 至 2019 - 11 - 30	2019 - 12 - 09	13 000
金额合计	（大写）壹万叁仟元整				￥13 000
税务机关 （盖章）		填票人 网上办税平台		备注	

15 - 2

No. 31410520030002 3361

妥善保管

填发日期：2019 年 12 月 09 日　　　　税务机关：国家税务总局太原市尧都区税务局

纳税人识别号				纳税人名称		
原凭证号	税种	品目名称	税款所属时期	入（退）库日期	实缴（退）金额	
3141062001000568 32	城市维护建设税	市区（增值税附征）	2019 - 11 - 01 至 2019 - 11 - 30	2019 - 12 - 09	910	
3141062001000568 32	教育费附加	市区（增值税附征）	2019 - 11 - 01 至 2019 - 11 - 30	2019 - 12 - 09	390	
3141062001000568 32	地方教育费附加	市区（增值税附征）	2019 - 11 - 01 至 2019 - 11 - 30	2019 - 12 - 09	260	
金额合计	（大写）壹仟伍佰陆拾元整				￥1 560.00	
税务机关征 章		填票人网上办税平台		备注		

16 - 1

领料单

领料部门：车间　　　　　　　　2019 年 12 月 9 日　　　　　　　　编号：

材料		单位	数量		单价	总价							
名称	规格		请领	实发		十万	千	百	十	元	角	分	
甲材料		千克	200	200	2.00			4	0	0	0	0	
合计		人民币（大写）：肆佰元整				￥	4	0	0	0	0		
工作单号		用途	用于车间一般性耗用										
工作项目													

会计：　　　　记账：　　　　发料：　　　　领料：　　　　主管：

第一联　存根

16－2

领料单

领料部门：车间　　　　　　　　　　2019 年 12 月 9 日　　　　　　　　　　编号：

材料		单位	数量		单价	总价							
名称	规格		请领	实发		十	万	千	百	十	元	角	分
甲材料		千克	300	300	2.00				6	0	0	0	0
合计			人民币（大写）：陆佰元整				¥		6	0	0	0	0
工作单号		用途	用于厂部日常维修耗用										
工作项目													

会计：　　　　　记账：　　　　　发料：　　　　　领料：　　　　　主管：

第一联　存根

17－1

山西省增值税普通发票

开票日期：2019 年 12 月 10 日　　　　　　No. 160062111

购买方	名　　　称：临汾市新新公司 纳税人识别号：220165883444389 地址、电话：临汾市解放路 2 号 5367358 开户行及账号：工行解放路支行 785088092122	密码区	45687478/>＋<1248<-< 加密版本：01 ＊＋--457-</148<-22-45 8641516972 ＊- 4-78>879458136845<7＋0 14785419/92/ 279>>->98>><1 478131

货物或应税劳务名称	规格型号	单位	数量	单价	金额	税率	税额
复印纸		袋	5	20.00	100.00	3%	3.00
笔		支	10	10.00	100.00	3%	3.00
笔记本		本	20	5.00	100.00	3%	3.00
合计					¥300.00		¥9.00

价税合计（大写）	⊗叁佰零玖元整　　　　（小写）¥309.00		

销售方	名　　　称：临汾市人民文化用品商店 纳税人识别号：141002653364126 地址、电话：临汾市泽尧商贸城 166 号 5326639 开户行及账号：临汾市农商行南外环支行 232901040000569	备注	

收款人：　　　　　复核：　　　　　开票人：　　　　　销货单位：（章）

第二联　发票联　购货方记账凭证

18-1

现金支票存根

支票号码：94303
科目：
对方科目：
出票日期：2019 年 12 月 10 日
收款人：东街邮电局
金额：1 200.00
用途：预订报刊费
单位主管　　　　会计

18-2

收据

2019 年 12 月 10 日

今收到临汾市新新公司	
人民币（大写）壹仟贰佰元整	￥1 200.00
系付预订 2020 年全年报刊费	
备注	

单位盖章：　　　　　会计：　　　　　出纳：　　　　　经手人：

19-1

临汾市新新公司在职人员工资结算汇总表

2019 年 12 月　　　　　　　　　　　　　单位：元

姓名	标准工资	补贴	实发工资	签名
蔡志明	2 000.00	500.00	2 500.00	蔡志明
刘晓燕	1 800.00	450.00	2 250.00	刘晓燕
许和平	1 750.00	420.00	2 170.00	许和平
……				
合计	40 000.00	10 000.00	50 000.00	

19－2

工资支付专用凭证

2019 年 12 月 10 日

收款单位（或收款人）名称	临汾市新新公司	开户银行			工行解放路支行		
支付金额	人民币（大写）伍万元整	万	千	百	十	元	角	分
		5	0	0	0	0	0	0
工资所属月份：12 月，职工人数：18 人 1. 标准工资 40 000 元 2. 补贴　　10 000 元	备注						

20－1

临汾市新新公司退休人员工资结算汇总表

2019 年 12 月 10 日　　　　　　　　　　　　　　　单位：元

姓名	标准工资	补贴	实发工资	签名
王明华	1 300.00	50.00	1 350.00	王明华
吴佐	1 280.00	45.00	1 325.00	吴佐
……				
合计	5 000.00	1 000.00	6 000.00	

20－2

现金支票存根

支票号码：94304
科目：
对方科目：
出票日期：2019 年 12 月 10 日
收款人：临汾市新新公司
金额：6 000.00
用途：支付工资
单位主管　　　会计

21-1

中国工商银行进账单（回执或收款通知）

进账日期：2019 年 12 月 11 日　　　　　　　　No.

收款人	全称	临汾市新新公司	付款人	全称	临汾市中闽公司
	账号	785088092122		账号	31245100452101106
	开户银行	工行解放路支行		开户银行	农商行鼓楼南支行

人民币（大写）叁拾叁万玖仟元整	千	百	十	万	千	百	十	元	角	分
		¥	3	3	9	0	0	0	0	0

票据种类	转账支票
票据张数	

单位主管　　会计　　复核　　记账　　　　　　收款人开户银行盖章

收此款联人是的收回单或收账通知给款人开户银行

21-2

山西省增值税专用发票

开票日期：2019 年 12 月 11 日　　　　　　No.130062188

购买方	名　　　称：临汾市中闽公司 纳税人识别号：911434595062333 地址、电话：临汾市鼓楼南街 16 号 5329352 开户行及账号：农商行鼓楼南支行 31245100452101106	密码区	1235478/>+<1248<-< 加密版本： 01　＊　+--457-</143　<-22-45 8641516972＊-4-78>879458166545< 7+0 14783311/92/279>>->98>> <1 3331111

货物或应税劳务名称	规格型号	单位	数量	单价	金额	税率	税额
A 产品		千克	50 000	4.00	200 000.00	13%	26 000.00
B 产品		千克	10 000	10.00	100 000.00	13%	13 000.00
合计					¥300 000.00		¥39 000.00

价税合计（大写）	⊗叁拾叁万玖仟元整	（小写）¥339 000.00

销售方	名　　　称：临汾市新新公司 纳税人识别号：220165883444389 地址、电话：临汾市解放路 2 号 5367358 开户行及账号：工行解放路支行 785088092122	备注	临汾市新新公司 220165883444389 发票专用章

收款人：　　　　　复核：　　　　　开票人：　　　　　销货单位：（章）

第一联　记账联　销货方记账凭证

22 - 1

转账支票存根

支票号码：90304	
科目：	
对方科目：	
出票日期：2019 年 12 月 13 日	
收款人：国网山西省电力有限公司 　　　　临汾供电分公司	
金额：6 500.00	
用途：付电费	
单位主管　　　　会计	

22 - 2

临汾市新新公司内部转账单

2019 年 12 月 13 日　　　　　　　　　　　　　　单位：元

部门名称	摘要	金额
车间	按仪表记录分配	1 500.00
厂部	按仪表记录分配	5 000.00
合计		6 500.00

22 - 3

山西省增值税普通发票

开票日期：2019 年 12 月 13 日　　　　　　No.150000152

购买单位	名　　称：临汾市新新有限公司 纳税人识别号：9111102201658833322 地址、电话：临汾市解放路 1 号 开户行及账号：工行解放路支行 　　　　　　785088092111	密码区	1215578/＞+＜1248<-＜ 加密版本：01 ＊+-417-＜/143＜-22-45 8641516272 ＊- 4-78＞879458156545＜7+0 14783311/92/ 279＞＞-＞98＞＞＜1 3331111				第一联：记账联　销售方记账凭证

货物或应税劳务名称	规格型号	单位	数量	单价	金额	税率	税额
"供电"电费		千瓦时	13 000	0.442 477	5 752.21	13％	747.79
合计					￥5 752.21		￥747.79

价税合计（大写）　⊗陆仟伍佰元整　　（小写）￥6 500.00	

销售单位	名　　称：国网山西省电力有限公司 　　　　临汾供电分公司 纳税人识别号：9111102201658833322 地址、电话：临汾市福利路 1 号 开户行及账号：工行福利路支行 785088092111	备注	国网山西省电力有限公司临汾供电分公司 911102201658833322 发票专用章

收款人：王平　　　复核：李凯　　　开票人：张丽　　　销货单位：（章）

23-1

转账支票存根

支票号码：90305	
科目：	
对方科目：	
出票日期：2019 年 12 月 13 日	
收款人：山西省临汾供水公司	
金额：1 000.00	
用途：付水费	
单位主管　　　会计	

23-2

临汾市新新公司内部转账单

2019 年 12 月 13 日　　　　　　　　　　　　　　　　　　单位：元

部门名称	摘要	金额
车间	按仪表记录分配	700.00
厂部	按仪表记录分配	300.00
合计		1 000.00

23-3

山西省临汾普通发票

开票日期：2019 年 12 月 13 日　　　　　　No.150000152

购买单位	名　　　称：临汾市新新有限公司 纳税人识别号：911102201658833322 地址、电话：临汾市解放路 1 号 开户行及账号：工行解放路支行 　　　　　　　785088092111	密码区	1215578/>＋＜1248＜-＜ 加密版本：01 ＊＋--417-＜/143＜-22-45 8641516272 ＊- 4-78＞879458156545＜7＋0 14783311/92/ 279＞＞-＞98＞＞＜1 3331111

货物或应税劳务名称	规格型号	单位	数量	单价	金额	税率	税额
自来水费		吨	500	1.941 747	970.87	3%	29.13
合计					￥970.87		￥29.13

价税合计（大写）	⊗壹仟元整　　　（小写）￥1 000.00

销售单位	名　　　称：山西省临汾供水公司 纳税人识别号：911102201658833111 地址、电话：临汾市福利路 12 号 开户行及账号：工行福利路支行 785088092333	备注	山西省临汾供水公司 911102201658833111 发票专用章

收款人：王莉　　　　复核：李萍　　　　开票人：张红红　　　　销货单位：（章）

第一联：记账联　销售方记账凭证

24－1

临汾市新新公司职工医药费支出汇总表
2019 年 12 月 14 日

职工姓名	全部药费金额	单据张数	核销、基数	减去核销基数后应报		审批意见
				比例（％）	金额	
唐小霞	200.00	5	200.00	100	200.00	同意报销 蔡志明
金全明	100.00	3	100.00	100	100.00	
合计		人民币（大写）叁佰元整			￥300.00	

24－2

现金支票存根

支票号码：94305
科目：
对方科目：
出票日期：2019 年 12 月 14 日
收款人：临汾市新新公司
金额：300.00
用途：报销医药费
单位主管　　　　会计

25－1

材料验收单

材料类别：原材料　　　　　　　　2019 年 12 月 15 日　　　　　　　　No. 12

发票号码	名称	规格	单位	购进			验收		
				数量	单价	金额	数量	单价	金额
	乙材料		千克	37 500	4.00	150 000.00	37 500	4.00	150 000.00
进货单位	南华公司			运杂费			采购员姓名		
备注				合计		150 000.00	附单据		

供应主管：　　　　仓库会计：　　　　仓管员：　　　　复核：　　　　制单：

第二联　会计部门

26-1

山西省增值税普通发票

开票日期：2019 年 12 月 16 日

No. 160063642

购买方	名　　称：临汾市新新公司 纳税人识别号：220165883444389 地 址 、电 话：临汾市解放路 2 号 5367358 开户行及账号：工行解放路支行 　　　　　　785088092122	密码区	45687478/>＋<1248<-< 加密版本：01 ＊ ＋--457-</148<-22-45 8641516972 ＊- 4-78>879458136845<7＋0 14785419/92/ 279>>->98>><1 478131

货物或应税劳务名称	规格型号	单位	数量	单价	金额	税率	税额
材料纸		本	25	2.00	50.00	3%	1.50
笔记本		本	10	5.00	50.00		1.50
合计					￥100.00		￥3.00

价税合计（大写）	⊗壹佰零叁元整　　　　　　（小写）￥103.00

销售方	名　　称：临汾市人民文化用品商店 纳税人识别号：141002653364126 地 址 、电 话：临汾市泽尧商贸城 166 号 5326639 开户行及账号：农商行南外环支行 232901040000569	备注	

收款人：　　　　　复核：　　　　　开票人：　　　　　销货单位：（章）

第二联 发票联 购货方记账凭证

27-1

转账支票存根

支票号码：90306
科目：
对方科目：
出票日期：2019 年 12 月 17 日
收款人：临汾市龙兴公司
金额：44 364.00
用途：补付购货款
单位主管　　　　会计

28－1

转账支票存根

支票号码：90307	
科目：	
对方科目：	
出票日期：2019 年 12 月 17 日	
收款人：临汾市开拓影视文化公司	
金额：5 000.00	
用途：支付广告费	
单位主管　　　　会计	

28－2

山西省增值税普用发票

开票日期：2019 年 12 月 15 日　　　　　　　No. 130067850

购买方	名　　　称：临汾市新新公司 纳税人识别号：220165883444389 地　址、电话：临汾市解放路 2 号 5367358 开户行及账号：工行解放路支行 　　　　　　　785088092122	密码区	45687478/＞＋＜1248＜-＜ 加密版本：01 ＊＋--457-＜/148＜-22-45 8641516972 ＊- 4-78＞879458136845＜7＋0 14785419/92/ 279＞＞-＞98＞＞＜1 478131

货物或应税劳务名称	规格型号	单位	数量	单价	金额	税率	税额
广告费					4 716.98	6%	283.02
合计					￥4 716.98		￥283.02

价税合计（大写）	⊗伍仟元整　　　　（小写）￥5 000.00		

销售方	名　　　称：临汾市开拓影视文化公司 纳税人识别号：345545624583268 地　址、电话：临汾市滨河西路 123 号 5305056 开户行及账号：工行解放路支行 　　　　　　　638644010045210002	备注	临汾市开拓影视文化公司 345545624583268 发票专用章

收款人：　　　　　复核：　　　　　开票人：　　　　　销货单位：（章）

第一联　发票联　购货方记账凭证

29－1

中国工商银行进账单（回执或收款通知）

进账日期：2019 年 12 月 18 日　　　　　　　　　　No.

<table>
<tr><td rowspan="3">收款人</td><td>全称</td><td>临汾市新新公司</td><td rowspan="3">付款人</td><td>全称</td><td colspan="9">临汾市东明公司</td><td rowspan="6">收此款联人是的收款回单人或开收户账银通行知给</td></tr>
<tr><td>账号</td><td>785088092122</td><td>账号</td><td colspan="9">33544010045210007</td></tr>
<tr><td>开户银行</td><td>工行解放路支行</td><td>开户银行</td><td colspan="9">农商行平阳广场支行</td></tr>
<tr><td colspan="3" rowspan="2">人民币（大写）伍万元整</td><td>千</td><td>百</td><td>十</td><td>万</td><td>千</td><td>百</td><td>十</td><td>元</td><td>角</td><td>分</td></tr>
<tr><td></td><td></td><td>¥</td><td>5</td><td>0</td><td>0</td><td>0</td><td>0</td><td>0</td></tr>
<tr><td colspan="2">票据种类</td><td colspan="2">转账支票</td><td colspan="9" rowspan="2"></td></tr>
<tr><td colspan="2">票据张数</td><td colspan="2"></td></tr>
<tr><td colspan="5">收到东明公司预付购货款</td><td colspan="9" rowspan="2">收款人开户银行盖章</td></tr>
<tr><td colspan="5">单位主管　　会计　　复核　　记账</td></tr>
</table>

30－1

山西省增值税专用发票

开票日期：　　　年 12 月 19 日　　　　　　　　No. 130062531

<table>
<tr><td rowspan="4">购买方</td><td>名　　　称：临汾市东明公司</td><td rowspan="4">密码区</td><td rowspan="4">1235478/＞＋＜1248＜-＜ 加密版本：
01　＊　＋-457-＜/143　＜-22-45
8641516972 ＊-4-78＞879458155545＜
7＋0 14783319/92/279＞＞-＞98＞＞
＜1 333112</td></tr>
<tr><td>纳税人识别号：9114345MA062458</td></tr>
<tr><td>地址 、电话：临汾市平阳北街 163 号 5365629</td></tr>
<tr><td>开户行及账号：农商行平阳广场支行
　　　　　　　33544010045210007</td></tr>
<tr><td>货物或应税劳务名称</td><td>规格型号</td><td>单位</td><td>数量</td><td>单价</td><td>金额</td><td>税率</td><td>税额</td></tr>
<tr><td>A 产品</td><td></td><td>千克</td><td>4 000</td><td>4.00</td><td>16 000.00</td><td>13％</td><td>2 080.00</td></tr>
<tr><td>B 产品</td><td></td><td>千克</td><td>2 600</td><td>10.00</td><td>26 000.00</td><td>13％</td><td>3 380.00</td></tr>
<tr><td></td><td></td><td></td><td></td><td></td><td></td><td></td><td></td></tr>
<tr><td>合计</td><td></td><td></td><td></td><td></td><td>¥42 000.00</td><td></td><td>¥5 460.00</td></tr>
<tr><td>价税合计（大写）</td><td colspan="3">⊗肆万柒仟肆佰陆拾元整</td><td colspan="4">（小写）¥47 460.00</td></tr>
<tr><td rowspan="4">销售方</td><td colspan="3">名　　　称：临汾市新新公司</td><td rowspan="4">备注</td><td colspan="3" rowspan="4">临汾市新新公司
220165883444389
发票专用章</td></tr>
<tr><td colspan="3">纳税人识别号：220165883444389</td></tr>
<tr><td colspan="3">地址 、电话：临汾市解放路 2 号 5367358</td></tr>
<tr><td colspan="3">开户行及账号：工行解放路支行
　　　　　　　785088092122</td></tr>
</table>

收款人：　　　　　复核：　　　　　开票人：　　　　　销货单位：（章）

第一联　记账联　销货方记账凭证

30 - 2

转账支票存根

支票号码：90308
科目：
对方科目：
出票日期：2019 年 12 月 19 日
收款人：临汾市东明公司
金额：4 540.00
用途：退还多余款
单位主管   会计

31 - 1

广东省增值税专用发票

开票日期：2019 年 12 月 2 日   No. 130073572

购买方	名　　　称：临汾市新新公司 纳税人识别号：220165883444389 地址、电话：临汾市解放路 2 号 5367358 开户行及账号：工行解放路支行 　　　　　　　785088092122	密码区	45687478/>+<1248<-< 加密版本：01 * +--457-</148<-22-45 8641516972 * - 4-78>879458136845<7+0 14785419/92/ 279>>->98>><1 478131

货物或应税劳务名称	规格型号	单位	数量	单价	金额	税率	税额
甲材料		千克	5 000	2.00	10 000.00	13％	1 300.00
合计					￥10 000.00		￥1 300.00

价税合计（大写）	⊗壹万壹仟叁佰元整	（小写）￥11 300.00

销售方	名　　　称：广州市绿得公司 纳税人识别号：370102800317375 地址、电话：广州市南京路 57 号 6352763 开户行及账号：建行广州分行 　　　　　　　832901040089745	备注	

收款人：王山   复核：李立   开票人：张兰   销货单位：（章）

第二联 发票联 购货方记账凭证

32 - 1

收据

2019 年 12 月 20 日

今收到林金地交来	
人民币（大写）壹佰元整	￥100.00
系付违反规章处罚款	现金收讫

单位盖章：   会计：   出纳：   经手人：

33－1

材料盘盈（亏）报告单
2019 年 12 月 21 日

品名	规格	单位	单价	数量		金额	备注
				盘盈	盘亏		
甲材料		千克	2	50		100	
乙材料		千克	4		80	320	原因未明
合计				50	80	420	

34－1

转账支票存根

支票号码：90310
科目：
对方科目：
出票日期：2019 年 12 月 22 日
收款人：儿童福利院
金额：3 000.00
用途：公益性捐赠
单位主管　　　　会计

34－2

收据
2019 年 12 月 22 日

今收到临汾市新新公司	
人民币（大写）叁仟元整	￥3 000.00
系付公益性捐款	

单位盖章：

35 - 1

领料单

领料部门：车间　　　　　　　　　　　2019 年 12 月 23 日　　　　　　　　　　　编号：

材料		单位	数量		单价	总价							
名称	规格		请领	实发		十	万	千	百	十	元	角	分
甲材料		千克	25 000	25 000	2		5	0	0	0	0	0	0
合计		人民币（大写）：伍万元整				¥	5	0	0	0	0	0	0
工作单号		用途	用于生产 A 产品										
工作项目													

第一联　存根

会计：　　　　　记账：　　　　　发料：　　　　　领料：　　　　　主管：

35 - 2

领料单

领料部门：车间　　　　　　　　　　　2019 年 12 月 23 日　　　　　　　　　　　编号：

材料		单位	数量		单价	总价							
名称	规格		请领	实发		十	万	千	百	十	元	角	分
乙材料		千克	20 000	20 000	4		8	0	0	0	0	0	0
合计		人民币（大写）：捌万元整				¥	8	0	0	0	0	0	0
工作单号		用途	用于生产 B 产品										
工作项目													

第一联　存根

会计：　　　　　记账：　　　　　发料：　　　　　领料：　　　　　主管：

35-3

领料单

领料部门：车间　　　　　　　　　　2019 年 12 月 23 日　　　　　　　　　　编号：

材料		单位	数量		单价	总价							
名称	规格		请领	实发		十	万	千	百	十	元	角	分
甲材料		千克	500	500	2		1	0	0	0	0	0	0
合计		人民币（大写）：壹仟元整					￥	1	0	0	0	0	0
工作单号		用途	用于车间一般性耗用										
工作项目													

会计：　　　　　记账：　　　　　发料：　　　　　领料：　　　　　主管：

第一联　存根

35-4

领料单

领料部门：厂部　　　　　　　　　　2019 年 12 月 23 日　　　　　　　　　　编号：

材料		单位	数量		单价	总价							
名称	规格		请领	实发		十	万	千	百	十	元	角	分
乙材料		千克	500	500	4		2	0	0	0	0	0	0
合计		人民币（大写）：贰仟元整					￥	2	0	0	0	0	0
工作单号		用途	月于厂部日常维修耗用										
工作项目													

会计：　　　　　记账：　　　　　发料：　　　　　领料：　　　　　主管：

第一联　存根

36－1

材料验收单

材料类别：原材料　　　　　2019 年 12 月 24 日　　　　　No. 13

发票号码	名称	规格	单位	购进			验收		
				数量	单价	金额	数量	单价	金额
	甲材料		千克	5 000	2.00	10 000.00	5 000	2.00	10 000.00
进货单位	临汾市新新公司			运杂费			采购员姓名		
备注				合计		10 000.00	附单据		

供应主管：　　　仓库会计：　　　仓管员：　　　复核：　　　制单：

第二联　会计部门

36－2

材料验收单

材料类别：原材料　　　　　2019 年 12 月 24 日　　　　　No. 15

发票号码	名称	规格	单位	购进			验收		
				数量	单价	金额	数量	单价	金额
	乙材料		千克	500	4.00	2 000.00	500	4.00	2 000.00
进货单位	临汾市新新公司			运杂费			采购员姓名		
备注				合计		2 000.00	附单据		

供应主管：　　　仓库会计：　　　仓管员：　　　复核：　　　制单：

第二联　会计部门

37 - 1

中国工商银行进账单（回执或收款通知）

进账日期：2019 年 12 月 26 日　　　　　No.

收款人	全称	临汾市新新公司	付款人	全称	临汾市拓展公司	
	账号	785088092122		账号	638644010045210009	
	开户银行	工行解放路支行		开户银行	工行尧都路支行	

人民币（大写）陆仟元整	千	百	十	万	千	百	十	元	角	分
				¥	6	0	0	0	0	0

票据种类	转账支票
票据张数	

收到拓展公司付购货款

单位主管　　会计　　复核　　记账

收款人开户银行盖章

（此联是收款人的回单或收款通知给收款人开户银行或收账银行）

---

38 - 1

山西省增值税专用发票

开票日期：2019 年 12 月 26 日　　　　No. 130058324

购买方	名　　　称：临汾市招展公司	密码区	-15325478/>＋<1248<-< 加密版
	纳税人识别号：141002771212532		本：01 ＊ ＋--457-</143 <-22-45
	地址、电话：临汾市尧都路 13 号 5309658		8641516972 ＊-4-78＞879458155545<
	开户行及账号：工行尧都路支行		7+0 14783319/92/279＞＞->98＞＞
	638644010045210009		<1 4781112

货物或应税劳务名称	规格型号	单位	数量	单价	金额	税率	税额
A 产品		千克	5 000	4.00	20 000.00	13%	2 600.00
B 产品		千克	4 000	10.00	40 000.00	13%	5 200.00
合计					¥60 000.00		¥7 800.00

价税合计（大写）	⊗陆万柒仟捌佰元整	（小写）¥67 800.00

销售方	名　　　称：临汾市新新公司	备注	临汾市新新公司 220165883444389 发票专用章
	纳税人识别号：220165883444389		
	地址、电话：临汾市解放路 2 号 5367358		
	开户行及账号：工行解放路支行		
	785088092122		

收款人：　　　　　复核：　　　　　开票人：　　　　　销货单位：（章）

第一联　记账联　销货方记账凭证

38－2

转账支票存根

支票号码：90311	
科目：	
对方科目：	
出票日期：2019 年 12 月 26 日	
收款人：省汽车运输公司	
金额：500.00	
用途：代垫运费	
单位主管　　　　会计	

39－1

中国工商银行贷款利息通知单

2019 年 12 月 31 日

贷款	账号	785088092122	生产周转贷款	利息金额
	户名	临汾市新新公司		900.00
利息金额合计		人民币（大写）：玖佰元整		￥900.00
计息期	10～12 月	上述贷款利息已从贵单位存款账户中如数支付，请即入账。		

39－2

临汾市新新公司内部转账单

2019 年 12 月 31 日　　　　　　　　　　　　　　　　单位：元

子目或户名	摘要	金额
计提利息	本月银行贷款利息 300 元转账	300.00
合计金额	人民币（大写）：叁佰元整	300.00

39－3

临汾市新新公司内部转账单

2019 年 12 月 31 日　　　　　　　　　　　　　　　　单位：元

子目或户名	摘要	金额
利息	冲 10～11 月已预提贷款利息	600.00
合计金额	人民币（大写）：陆佰元整	600.00

40-1

临汾市新新公司内部转账单

2019 年 12 月 31 日　　　　　　　　　　　　　　　单位：元

子目或户名	摘要	金额
管理费用	本月应摊销报刊费转账	100.00
合计金额	人民币（大写）：壹佰元整	100.00

41-1

临汾市新新公司工资费用分配表

2019 年 12 月 31 日　　　　　　　　　　　　　　　单位：元

子目或户名	摘要	金额
A 产品	按本月应付生产工人工资转账	15 000.00
B 产品	按本月应付生产工人工资转账	25 000.00
车间	按本月车间管理人员工资转账	3 000.00
厂部	按本月厂部管理人员工资转账	7 000.00
合计金额	人民币（大写）：伍万元整	50 000.00

42-1

临汾市新新公司福利费用分配表

2019 年 12 月 31 日　　　　　　　　　　　　　　　单位：元

子目或户名	摘要	金额
A 产品	按本月生产工人工资 14% 计提	
B 产品	按本月生产工人工资 14% 计提	
车间	按本月车间管理人员工资 14% 计提	
厂部	按本月厂部管理人员工资 14% 计提	
合计金额	人民币（大写）：	

43-1

临汾市新新公司折旧费用计提表

2019 年 12 月 31 日　　　　　　　　　　　　　　　单位：元

子目或户名	摘要	金额
车间	固定资产折旧	3 600.00
厂部	固定资产折旧	2 400.00
合计金额	人民币（大写）：陆仟元整	6 000.00

44 - 1

临汾市新新公司制造费用分配表

2019 年 12 月 31 日

产品名称	分配标准（按生产工人工资）	分配率	分配金额（元）
A 产品			
B 产品			
合计			

45 - 1

临汾市新新公司完工产品成本计算表

2019 年 12 月 31 日　　　　　　　　　　　　　　　　　　　单位：元

成本项目	A 产品（46 451 千克）		B 产品（22 151.56 千克）	
	总成本	单位成本	总成本	单位成本
直接材料				
直接人工				
制造费用				
合计				

注：假定本月 A、B 产品全部完工，期末没有在产品。

46 - 1

临汾市新新公司销售产品成本计算表

2019 年 12 月 31 日

产品名称	销售数量（千克）	单位成本（元/千克）	金额（元）
A 产品			
B 产品			
合计			

47 - 1

临汾市新新公司销售材料成本计算表

2019 年 12 月 31 日

材料名称	销售数量（千克）	单位成本（元/千克）	金额（元）
乙材料	500	4	2 000
合计	500	4	2 000

48-1

临汾市新新公司内部转账单

2019 年 12 月 31 日　　　　　　　　　　　　　　　单位：元

摘要	金额	备注
转销本月 21 日甲材料盘盈净值	100	属于自然溢余
转销本月 21 日乙材料盘亏净值	320	由李清朝造成，应由其赔偿
合计	420	经批准转销

49-1

临汾市新新公司城建税及教育费附加计算表

2019 年 12 月 31 日　　　　　　　　　　　　　　　单位：元

项目	计算基数	税率（或比率）	应纳金额
城市维护建设税		7%	
教育费附加		3%	
地方教育费附加		2%	
合计	人民币（大写）：		

50-1

临汾市新新公司内部转账单

2019 年 12 月 31 日　　　　　　　　　　　　　　　单位：元

摘要	转账项目	金额
结转到"本年利润"账户	主营业务收入	
结转到"本年利润"账户	其他业务收入	
结转到"本年利润"账户	营业外收入	
合计		

51-2

临汾市新新公司内部转账单

2019 年 12 月 31 日　　　　　　　　　　　　　　　单位：元

摘要	转账项目	金额
结转到"本年利润"账户	主营业务成本	
结转到"本年利润"账户	税金及附加	
结转到"本年利润"账户	其他业务成本	
结转到"本年利润"账户	营业外支出	
结转到"本年利润"账户	管理费用	
结转到"本年利润"账户	财务费用	
结转到"本年利润"账户	销售费用	
合计		

52 - 1

临汾市新新公司内部转账单

2019 年 12 月 31 日　　　　　　　　　　　　单位：元

摘要	项目	金额
计算所得税费用	按本月利润的 25% 计算	
合计金额	人民币（大写）：	

52 - 2

临汾市新新公司内部转账单

2019 年 12 月 31 日　　　　　　　　　　　　单位：元

摘要	转账项目	金额
结转到"本年利润"账户	所得税费用	

53 - 1

临汾市新新公司内部转账单

2019 年 12 月 31 日　　　　　　　　　　　　单位：元

摘要	转账项目	金额
结转到"利润分配"账户	本年利润	

54 - 1

临汾市新新公司内部转账单

2019 年 12 月 31 日　　　　　　　　　　　　单位：元

摘要	项目	金额
提取盈余公积	按本月税后利润的 10% 计算	
合计金额	人民币（大写）：	

54 - 2

临汾市新新公司内部转账单

2019 年 12 月 31 日　　　　　　　　　　　　单位：元

摘要	项目	金额
向投资者分配利润	按本月税后利润的 50% 计算	
合计金额	人民币（大写）：	

55－1

临汾市新新公司内部转账单
2019 年 12 月 31 日　　　　　　　　　　　　　　单位：元

摘要	项目	金额
提取盈余公积	结转到"未分配利润"明细账	
计算应付股利	结转到"未分配利润"明细账	
合计金额	人民币（大写）：	

参考文献

［1］中华人民共和国财政部 . 会计基础工作规范 . 北京：经济科学出版社，2011.

［2］中华人民共和国财政部 . 财政部关于修改《企业会计准则——基本准则》的决定：中华人民共和国财政部令第 76 号 .

［3］财政部会计司编写组 . 小企业会计准则 . 北京：中国财政经济出版社，2014.

［4］程淮中 . 会计职业基础——单元项目化理论与实训 . 上海：立信会计出版社，2010.

［5］赵红英 . 会计基础与实务 . 北京：经济科学出版社，2010.

［6］张敏 . 会计岗位综合实训 . 北京：科学出版社，2015.

图书在版编目（CIP）数据

基础会计项目化实训/薛丽萍，李锐主编 . —北京：中国人民大学出版社，2017.8
21世纪高职高专会计类专业课程改革规划教材
ISBN 978-7-300-24469-3

Ⅰ.①基… Ⅱ.①薛… ②李… Ⅲ.①会计学-高等职业教育-教材 Ⅳ.①F230

中国版本图书馆 CIP 数据核字（2017）第 120681 号

"教—学—做一体化"校企合作课改科研成果推荐教材
21世纪高职高专会计类专业课程改革规划教材
基础会计项目化实训
主　编　薛丽萍　李　锐
副主编　赵瑞婷
参　编　李静波　郭　薇
Jichu Kuaiji Xiangmuhua Shixun

出版发行	中国人民大学出版社		
社　　址	北京中关村大街 31 号	邮政编码	100080
电　　话	010－62511242（总编室）	010－62511770（质管部）	
	010－82501766（邮购部）	010－62514148（门市部）	
	010－62515195（发行公司）	010－62515275（盗版举报）	
网　　址	http://www.crup.com.cn		
经　　销	新华书店		
印　　刷	唐山玺诚印务有限公司		
规　　格	185 mm×260 mm　16 开本	版　　次	2017 年 8 月第 1 版
印　　张	12.75	印　　次	2022 年 7 月第 6 次印刷
字　　数	302 000	定　　价	32.00 元